Joachim Stary
Visualisieren

Joachim Stary

Visualisieren

Ein Studien- und Praxisbuch

Cornelsen
SCRIPTOR

Die Sachzeichnungen auf den Seiten 20 unten und 22 oben stammen aus Lehrbüchern des Cornelsen Verlags Berlin. Wir danken der Physik/Chemie – sowie der Fachbuch – Redaktion für ihre freundliche Unterstützung.

Gedruckt auf chlorfrei gebleichtem Papier
ohne Dioxinbelastung der Gewässer.

Die Deutsche Bibliothek – CIP-Einheitsaufnahme

Stary, Joachim:
Visualisieren : ein Studien- und Praxisbuch / Joachim Stary. - 1. Dr. - Berlin :
Cornelsen Scriptor, 1997
ISBN 3-589-21077-X

Dieses Werk berücksichtigt die Regeln der reformierten Rechtschreibung und Zeichensetzung.

5.	4.	3.	2.	1.	✔	Die letzten Ziffern bezeichnen
01	2000	99	98	97		Zahl und Jahr des Drucks.

Redaktion: Stefan Giertzsch, Berlin
Herstellung und Satz: Kristiane Klas, Frankfurt am Main
Umschlagentwurf: Studio Lochmann, Frankfurt am Main, unter Verwendung einer Zeichnung von Klaus Puth, Mühlheim
Druck und Bindung: Clausen & Bosse, Leck
Printed in Germany
ISBN 3-589-21077-X
Bestellnummer 210770

Inhaltsverzeichnis

Vorwort 6

1. Visualisieren: Zum Begriff und seinen Funktionen 8
1.1 Was heißt visualisieren? 9
1.2 Warum Bildsprache verwenden? Zu den Funktionen des Visualisierens 16

2. Was visualisieren? 27
2.1 Strukturen visualisieren 30
2.2 Abläufe visualisieren 49
2.3 Kreativ visualisieren 55
2.4 Zahlenbilder 82
2.5 Technische Dokumentation 102

3. Womit visualisieren? – Medien 104
3.1 Tafeln / Steckwände / Flip-Charts 107
3.2 Der Overhead-Projektor und OH-Folien 114
3.3 Dia-Projektion 138
3.4 Das Episkop und „Multimedia-Projektoren“ 145
3.5 Visualisieren mit PC-Software 148

4. Wie visualisieren? – Gestaltungs-Empfehlungen 158
4.1 Farbgebung 159
4.2 Schriftauswahl 163
4.3 Layout: der Satzspiegel 167
4.4 Gestalt-„Gesetze“ 171

Nachbemerkung 177
Literaturverzeichnis 178
Register 184

Vorwort

Zum Anspruch dieses Buches

Dieses Buch macht Vorschläge, versammelt Verfahren, Techniken, Ratschläge zum Thema „Visualisieren". Es versteht sich als **Ratgeber für Lehrende und Lernende**. Es will Anstöße und konkrete Hilfestellung geben und die Lust, zu visualisieren, anregen. Dort wo dieses Buch aus vielerlei Gründen an seine Grenzen stößt, geht es – sachbezogen – selbstverständlich weiter. Aber nicht in *diesem* Buch, sondern in vielen *anderen*. Auf diese hinzuweisen, ist mir wichtig, denn zum Thema „Visualisieren" wurde viel (und viel Gutes) publiziert. Deshalb räume ich den Literaturhinweisen reichlich Platz ein.

Was zum Thema gehört, hier aber unberücksichtigt bleibt!

Dieses Buch ist *kein wissenschaftliches Buch*. Es befasst sich nicht mit den wahrnehmungspsychologischen, erkenntnistheoretischen Problemen, die der Gegenstand aufwirft. Das Buch ist auch *kein didaktischer Ratgeber*. Es gibt keine Antwort auf die Frage, welche Form der Visualisierung, unter welcher Zielstellung bei welchem Adressatenkreis im jeweils konkreten Lehr- und Lernzusammenhang angemessen ist.

Dieses Buch kann – wie gesagt – nicht alles, was zum Thema „Visualisierung" gehört, berücksichtigen, manches nur streifen bzw. auf einschlägige Literatur hinweisen. Es handelt sich hierbei um folgende Themen:

Grafische Datenaufbereitung. MATTHIAS NAGEL u.a. (1996) haben Recht, wenn sie in der Einleitung ihres Buches „Grafische Datenanalyse" darauf hinweisen, dass die Visualisierung komplexer Strukturen über Histogramme oder zweidimensionale Streudiagramme hinausgehen muss. Grafische Datenanalyse ist zu einem eigenen, was die mathematisch-statistischen Vorkenntnisse anbelangt, höchst anspruchsvollen Spezialgebiet geworden. Man schaue sich nur den Katalog „SciTech. Die Software-Quelle für Wissenschaftler und Techniker" der Fa. Softline oder das auf grafische Datenanalyse spezialisierte und ständig aktualisierte Programm-Archiv des „StatLib-Servers" der „Carnegie Mellon University" an. Ebenso wenig können hier einzelwissenschaftliche Visualisierungs-Verfahren berücksichtigt werden. Noch einmal sei auf den SciTech-Katalog der Fa. Softline verwiesen.

Illustrieren, technisches Konstruieren, professionelle Bildberarbeitung, die Herstellung einfacher Zahlenbilder mit Software. Jedes dieser Teilgebiete erfordert – wie allein der Umfang der Handbücher zu jedem einzelnen Programm deutlich macht – eine eingehende Darstellung.
Multimedia-Geräte. Visualizer, LC-Displays, Daten-Projektoren und dergleichen mehr sind in der Spitzenklasse allesamt gut und teuer. Doch auch hier stellt sich wieder das Problem: Es ist auf knappem Raum nicht möglich, das breite Angebot der Geräteanbieter im Multimedia-Bereich angemessen darzustellen.
Angesichts dieser beachtlichen Ausdifferenzierung des Gegenstandsbereichs stellt sich freilich zu Recht die Frage, ob es denn überhaupt noch sinnvoll ist, ein thematisch immer noch recht breit angelegtes Buch zu veröffentlichen. Ich meine: ja. Allerdings kann ein solches Buch sich nur noch auf solche Themen beziehen bzw. solche Ratschläge formulieren, die unabhängig von Softwareentwicklungen sind und den Bereich der fachspezifischen Visualisierungsverfahren weitestgehend unberücksichtigt lassen. Dass es sich dabei immer noch um eine beachtliche Informationsmenge handelt, dafür mag das vorliegende Buch ein Beleg sein.

Abschließend noch ein Wort zu meinen Literatur-Hinweisen. Wann immer Ihnen im Buch das nebenstehende Symbol begegnet, finden Sie an dieser Stelle die Titelangaben der von mir zitierten Autoren bzw. in einigen Fällen auch Hinweise auf Publikationen, die mir in dem jeweiligen thematischen Zusammenhang lesenswert erscheinen.
Darüber hinaus bot es sich an einigen Stellen an, auf die entsprechende World-Wide-Web-Adresse hinzuweisen. An nebenstehendem Symbol können Sie sich orientieren.

Für Anregungen und Ratschläge danke ich vor allem Meinhard Richter und Stefan Giertzsch.

Berlin, 1997

Joachim Stary

(in memoriam Gert Böhme)

1. Visualisieren: Zum Begriff und zu seinen Funktionen

Das Wort *„Visualisierung"* steht für eine Vielzahl von Begriffen, die sowohl in der Umgangssprache als auch in der einschlägigen Ratgeber-Literatur oft synonym und unreflektiert verwendet werden: „Abbildung", „Grafik", „Schaubild", „Bild", „Veranschaulichung" „Illustration". Dieser – wenn man es wohlwollend formulieren will – Begriffspluralismus ist, so hat es den Anschein, für die Autoren von Ratgeber-Literatur, aber auch für die meisten Lehrenden kein praktisches Problem. Wenn von „Bild" oder von „Grafik" die Rede ist, dann scheint man zu wissen, worum es geht.

Worum geht es aber? Was ist eigentlich ein Bild, was heißt es, einen Sachverhalt zu visualisieren? In den wissenschaftlichen Disziplinen, die sich mit diesen Fragen befassen (vor allem die Lernpsychologie), fallen die Antworten höchst unterschiedlich aus. Und: Zu welchen Antworten man gelangt, hängt von der jeweiligen *Betrachterperspektive*, also vom jeweiligen Standpunkt der Wahrnehmung und vermeintlichen Lösung des Problems selbst ab. Dies ist auch der Grund dafür, dass zwei sich widersprechende Antworten vom Standpunkt der ihnen jeweils zugrunde liegenden Betrachterperspektive durchaus richtig sein können.

Nun möchte ich mich nicht in die Diskussion eines wissenschaftlich sehr kontrovers diskutierten Gegenstandes einmischen, nicht zuletzt auch deshalb, weil ich der Auffassung bin, dass ein Büchlein, das sich als Ratgeber versteht, nicht der Ort theoretischer Reflexionen sein sollte. Gleichwohl möchte ich wenigstens *meinen* Standpunkt der Betrachtung und das sich daraus herleitende Begriffsverständnis erläutern (1.1).

Im Unterschied zur Frage nach dem Begriffsverständnis, ist die Frage nach den Funktionen des Visualisierens, der Bedeutung von Visualisierungen, nicht nur unter „Praktikern", sondern auch in der wissenschaftlichen Literatur unumstritten. Unisono wird betont, dass Visualisierungen und die Tätigkeit des Visualisierens selbst das Lehren und Lernen in vielfältiger Weise fördern. Um sich diese lehr- und lernpsychologisch offensichtlich so wichtige Rolle des Visualisierens noch einmal „vor Augen zu führen", habe ich knapp die verschiedenen Funktionen des Visualisierens aufgelistet und an einigen Beispielen veranschaulicht. (1.2).

1.1 Was heißt visualisieren?

Ein Beispiel

Stellen Sie sich vor, Sie sollten einem Ausländer, der nur wenig Deutsch kann, erklären, dass Sie über einen „Hund" reden. Wie würden Sie vorgehen? Einfache Frage, einfache Lösung: Sie würden einen Hund holen und zeigen. Und dies wäre wohl auch die vernünftigste Lösung. Aber so einfach soll die Sache in unserem Fall nicht sein. Wir gehen einmal davon aus, dass es nicht möglich ist, einen Hund herbeizuschaffen. Was also tun? Vielleicht würden Sie (1) auf allen vieren durch die Gegend laufen und Bellgeräusche von sich geben. Und vermutlich würde dies auch ausreichen, um Ihrem Kommunikationspartner zu verdeutlichen, was Sie meinen. Denkbar wäre auch, dass Sie (2) einen Stift und ein Blatt Papier nehmen und einen Hund zeichnen (so gut Sie es eben können). Auch dieser Weg dürfte höchstwahrscheinlich erfolgreich sein. Sie könnten freilich auch (3) das Wort „Hund" auf das Blatt schreiben. Aber dies hätte in unserem Fall keinen Sinn, denn unser Gegenüber versteht nun einmal die deutsche Sprache kaum.

Wie auch immer: In allen drei Fällen haben Sie versucht, einem Gegenstand Ihrer realen Umwelt einen Ausdruck zu verleihen, ihn abzubilden, Ihrem Gesprächspartner eine Vorstellung zu vermitteln. In allen drei Fällen haben Sie Ihren realen Gegenstand „Hund" *visualisiert*.

Was haben *Sie* getan, das *ich* „Visualisieren" nenne? Sie haben, um den Gegenstand abzubilden, Ihrem Gesprächspartner eine Vorstellung vermittelt und in Ermangelung eines realen Hundes etwas benutzt, was den Hund ersetzt, was an seine Stelle tritt, ihn vertritt, ihn *repräsentiert*. Für dieses „Etwas" hat die Semiotik (das ist die Wissenschaft, die sich mit der Kommunikation von Lebewesen, mit eben diesem „Etwas" befasst) den Begriff des **„Zeichens"** eingeführt. Die Semiotik fragt danach, wie Lebewesen mit Zeichen kommunizieren. Dieser Begriff ist für unsere Ausgangsfragestellung meines Erachtens sehr hilfreich.

Doch noch einmal zurück zu unserem Beispiel: *Sie* haben in allen drei Fällen *Zeichen* benutzt; einmal solche, die nur dem Ohr (Bellgeräusche), ein andermal solche, die auch dem Auge zugänglich waren. Einmal waren Sie mit den dem Auge zugänglichen Zeichen erfolgreich (Ihre *Zeichnung* auf Papier), einmal waren Sie nicht erfolgreich (als Sie das *Wort* „Hund" schrieben). Sie können sich sicher vorstellen, wie schwierig es wäre, der gleichen Person nun zu erklären, dass Sie über „Treue" oder „Vertrauen" reden. Aber dies soll uns im Moment nicht kümmern.

Was ist ein Zeichen?

Wir sollten vielmehr diesen doch offensichtlich wichtigen Begriff etwas näher erläutern und fragen: Was ist ein Zeichen? Die Semiotik bietet uns folgende Erklärung: Ein Zeichen ist ein materielles Element, das auf etwas hinweist, was es selbst nicht ist; es repräsentiert etwas, und insofern ist freilich auch ein geschriebenes Wort eine Visualisierung. Das, worauf das Zeichen hinweist, muss keineswegs ein *konkreter* (also der sinnlichen Wahrnehmung unmittelbar zugänglicher) Gegenstand sein, es kann sich auch um einen *abstrakten* Gegenstand handeln.
In der Semiotik werden drei Zeichentypen voneinander unterschieden, von denen im Zusammenhang mit dem Visualisieren aber nur zwei von Bedeutung sind: **ikonische** und **symbolische Zeichen**. Was ist darunter zu verstehen?
Ikonische Zeichen weisen eine mehr oder weniger große Ähnlichkeit mit dem bezeichneten Objekt auf; sie repräsentieren in der Regel konkrete Sachverhalte, die man sehen kann. Sie bilden ihren Gegenstand mehr oder weniger originalgetreu ab.

In der Abbildung ist ein Haus in abnehmender Ähnlichkeitsbeziehung dargestellt: als Fotografie, als Strichzeichnung, als Piktogramm.

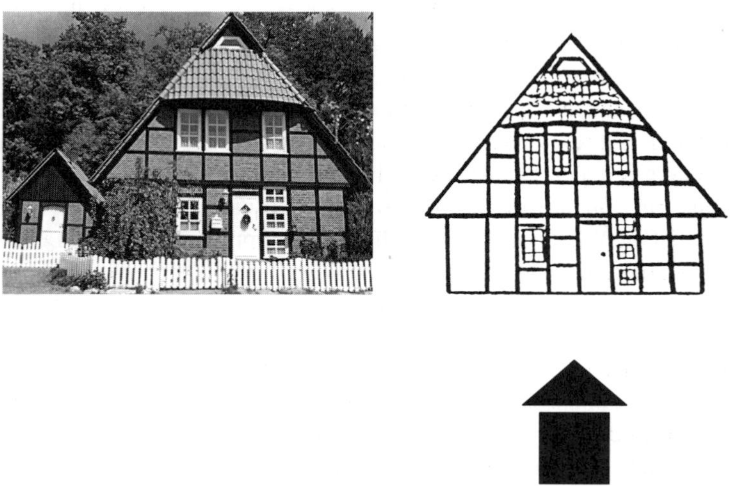

Symbolische Zeichen werden durch Vereinbarung dem bezeichneten Gegenstand zugeordnet. Sie können sowohl *konkrete* als auch *abstrakte* Sachverhalte repräsentieren. Sie weisen nur selten eine Ähnlichkeit mit dem Gegenstand auf, den sie repräsentieren (z.B. Schemata, Diagramme, wissenschaftlich-technische Fachsprachen).

In folgender Abbildung sind verschiedene Symbole dargestellt: (a) ist ein ikonisches Symbol, denn die Eule soll hier nicht das Tier „Eule“, sondern die mit ihr in der griechischen Mythologie verbundene Eigenschaft der „Weisheit“ repräsentieren. (b) Die Raute symbolisiert hier ein Element der normierten Bildsprache „Flussdiagramm“, sie steht für ein „Entscheidungsfeld“. (c) Das kleine „i“ auf zumeist blauem Grund weist an öffentlichen Einrichtungen in aller Regel auf einen Ort hin, an dem man Informationen erhält. (d) Dieses Symbol, das trotz starker Schematisierung seinen Ursprung aus einem ikonischen Zeichen nicht verleugnet, entstammt der normierten Bildsprache der Kartographie; es steht in Landkarten für „Nadelwald“.

a)

b)

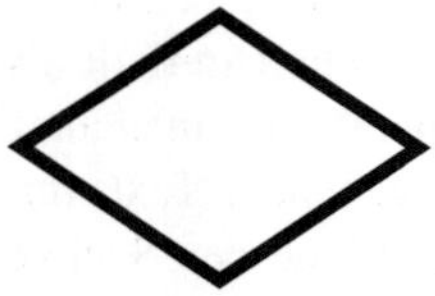

c)

d)

Nun gehören zu den symbolischen Zeichen auch die Zeichen der *Wortsprache*. Ich möchte die Zeichen der Wortsprache (obwohl es sich aus semiotischer Sicht durchaus um eine Visualisierung handelt) aber bewusst von den Zeichen der *Bildsprache* abgrenzen.

Wenn beim Lehren und Lernen die Rede vom Visualisieren ist, dann geht es in den meisten Fällen nicht um die Auseinandersetzung mit den realen Objekten, sondern zumeist um die Beschäftigung mit *Repräsentationen* dieser realen Gegenstände. Und es geht dabei nie um die schriftliche Repräsentation, sondern immer um eine Form der ikonischen oder symbolischen (allerdings sind hier die Zeichen der Schriftsprache ausgenommen) Darstellung. Ich möchte deshalb im Folgenden zwischen den Zeichen der Bildsprache und den Zeichen der Wortsprache unterscheiden. Wann immer in diesem Buch von bildsprachlichen Zeichen gesprochen wird, so sind damit ikonische und nicht-wortsprachliche symbolische Zeichen gemeint.

Bildsprache versus Wortsprache: Nur Vorteile?

Die Bildsprache bietet gegenüber der Wortsprache für den „Konsumenten" (den Lernenden) viele Vorteile. Ich gehe darauf detaillierter im nächsten Kapitel ein. Aber die Bildsprache hat auch beträchtliche Nachteile. Der viel zitierte Aphorismus vom Bild, das mehr als tausend Worte sagt, ist leider *und* erfreulicherweise wahr.

Leider wahr ist er, weil die Bildsprache zum Beispiel logische oder zeitliche Aussagen bei weitem nicht so eindeutig, abgestuft und detailliert darstellen kann wie die Wortsprache. Auch können theoretische Begriffe mit der Bildsprache nicht so prägnant definiert werden, wie dies die Wortsprache erlaubt.

Erfreulicherweise wahr ist er, weil zum Beispiel jedes Zahlenbild schneller und leichter seine Botschaft mitteilt als die entsprechende schriftsprachliche Fassung, weil beispielsweise manche Karikatur mehr zum Nachdenken anregt als ein zweckentsprechender Text, manche schematische Darstellung besser den Kern, das Wesentliche des Sachverhalts zu vermitteln vermag als die wortsprachliche Darlegung.

Vorschlag einer Definition für den Bereich Lehren und Lernen

Ich möchte zur Ausgangsfrage dieses Kapitels zurückkommen. Wählt man als Bezugssystem einer Definition die Unterscheidung nach Zeichensystemen (und zwar zwischen dem Zeichensystem der Bild- und der Wortsprache), dann lässt sich festhalten: **„Visualisieren"** bezeichnet die Tätigkeit, einen bislang im Zeichensystem der Wortsprache ausgedrückten Inhalt entweder durch bildsprachliche Zeichen zu *ergänzen,* oder aber ihn gar ganz in die Bildsprache zu *übersetzen.*

Gibt es die *gute Visualisierung?*

Ich habe zwischen der Wort- und der Bildsprache unterschieden. Gelegentlich begegnet man in der Ratgeber-Literatur und bei Lehrenden dem Missverständnis, die Bildsprache sei grundsätzlich anschaulicher, würde also mehr bildhafte Sinneseindrücke bei den Lernenden provozieren als die Wortsprache und sei deshalb auch leichter verständlich. Diese Auffassung ist falsch. Richtig ist vielmehr, dass es auf einige Faktoren ankommt, ob die bild- oder die wortsprachliche Darstellung dem jeweiligen Zweck angemessen ist.

Nehmen wir einmal an, wir würden einem zehnjährigen Schüler auf einem Gymnasium eine Sciencefiction-Erzählung vorlesen und ihm dann den Schaltplan seines Walkmans zeigen. Zweifellos würde die Erzählung – also der vorgelesene Text – für den Schüler anschaulicher sein als das gezeigte Bild. Die Erzählung würde bei dem Schüler mannigfaltige (ikonische) „Bilder im Kopf" ent-

stehen lassen, ihm ein sinnliches Erlebnis vermitteln. Der Schaltplan würde ihm hingegen kein sinnliches Erlebnis vermitteln, er würde ihn überhaupt nicht verstehen, also: in die Wortsprache übersetzen können.
Ob ein Sachverhalt demnach für den Lernenden sehr oder aber überhaupt nicht anschaulich ist, ist weniger eine Frage des Kanals, über den der Sachverhalt dargeboten wird, oder des Zeichensystems, in dem er vermittelt wird, sondern in erster Linie abhängig von der **Eigenschaft des Sachverhalts** selbst (konkret oder abstrakt) und vom **Vorwissen, von den Erfahrungen des Lernenden**, der den Sachverhalt wahrnimmt.
Für einen Fernsehmechaniker ist zum Beispiel ein Schaltplan nicht nur anschaulich genug, sondern geradezu notwendig, um einen Fehler zu lokalisieren und zu beheben. Eine Sciencefiction-Erzählung vermag bei ihm – vorausgesetzt, er hat sich für dieses Genre nie interessiert und auch keine Seh- oder Leseerfahrungen gemacht – keine, oder aber nur diffuse Eindrücke zu hinterlassen.

Oder: Ein Pferd kann nur der als Pferd wahrnehmen, der schon einmal ein Pferd gesehen hat und weiß, was ein Pferd ist. Dass ein Hydrant nichts auf einem Briefkasten zu suchen hat, fällt nur dem auf, der in einem realen Umfeld lebt, in dem Briefkästen und Hydranten vorhanden sind und der die Funktionen beider Objekte kennt.

"Mit unserer geschwätzigen Erziehung erziehen wir nur Schwätzer." (Rousseau)

Aber nicht nur das Vorwissen, die Erfahrungen eines Menschen spielen eine Rolle bei seiner Wahrnehmung. Auch seine **Einstellungen** und ebenso der **Kontext**, in den der wahrgenommene Sachverhalt eingebettet ist, sind entscheidend. Wenn beispielsweise sechs Personen in einen Wald gehen, können sie durchaus unterschiedliche Sachverhalte als subjektiv bedeutsam wahrnehmen.
(Aus: HAYOS, ANTON: Einführung in die Wahrnehmungspsychologie. Darmstadt: Wissenschaftliche Buchgesellschaft 1991², S. 18)

Was den Kontext anbelangt, so wird man in den beiden nachstehenden Zeichenfolgen unter Umständen in der ersten ein „B" und in der zweiten eine „13" wahrnehmen.

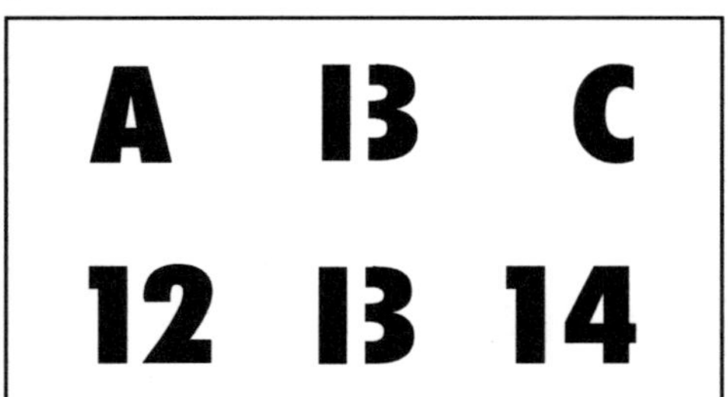

Und schließlich spielt auch noch die Fähigkeit des Wahrnehmenden, „Bilder lesen zu können", eine wichtige Rolle. Zum Beispiel kann die Fähigkeit, die unten stehende Abbildung perspektivisch zu interpretieren kulturspezifisch (Eth-

nien mit schwach ausgeprägter „ikonischerDarstellungskultur“) oder entwicklungspsychologisch (Kinder im Vorschulalter) eingeschränkt sein. In beiden Fällen würde der Elefant als dem Speerträger näher stehend beurteilt.

Informationen können also sowohl in der Wort- als auch in der Bildsprache anschaulich dargestellt werden. Allerdings kann man sagen: Je **abstrakter** ein Inhalt ist, desto geeigneter ist die **Wortsprache** und je **konkreter** ein Sachverhalt ist, desto geeigneter ist die **Bildsprache**, um ihn eindeutig darzustellen. Das heißt aber nicht, dass man einen abstrakten Inhalt nicht durch bildsprachliche Elemente verständlicher (bezogen auf das vermutete Vorwissen des Adressatenkreises) darstellen kann.

Zusammenfassend lässt sich also festhalten: Ob ein Gegenstand für eine Person anschaulich ist, hängt mindestens von folgenden Faktoren ab:

a) vom Vorwissen und den Einstellungen,
b) von der Fähigkeit, Bilder „lesen“ zu können,
c) von den Eigenschaften des wahrzunehmenden Gegenstandes (konkret vs. abstrakt),
d) vom jeweils konkreten situativen Wahrnehmungskontext und
e) von der jeweiligen Vermittlungsabsicht (vom Lernziel), bezogen auf den Unterrichtsprozess.

Und daraus folgt: *Die* gute Visualisierung gibt es nicht. Es gibt immer nur gute Visualisierungen für konkret anzusprechende Menschen und für jeweils konkrete Ziele. Ein Hinweis, der zwar nicht von dem pädagogischen Anspruch, zu visualisieren, befreit, zumindest aber die Anforderungen an seine Verwirklichung relativiert.

1.2 Warum Bildsprache verwenden? Zu den Funktionen des Visualisierens

Es gibt viele gute Gründe, einen Sachverhalt zu visualisieren. Die wichtigsten Vorteile möchte ich durch eine jeweils rhetorische Frage einleiten und anschließend nennen und an Beispielen veranschaulichen.

Motivations-Funktion

Stellen Sie sich vor, Sie schlagen ein Buch oder eine Zeitschrift auf, die beides enthalten: Text und Visualisierungen. Schauen Sie zuerst auf den Text?

1. Visualisierungen wecken Aufmerksamkeit und Neugier, weil sie z. B. durch die Darstellung von konkreten Sachverhalten sinnliche Reize bieten.

Die Abbildung unten zeigt eine Schulszene. Diese Szene bietet eine Vielzahl sinnlicher Reize, die den Betrachter zu allerlei Fragen veranlassen: In welcher Zeit hat dieser Unterricht stattgefunden? (Man betrachte die Landkarte im Klassenzimmer.) Wie viele Schüler halten sich im Klassenzimmer auf? (Man kann nur grob schätzen.) Was hat der Hund im Klassenzimmer zu suchen? Wieso duldet der Lehrer die große Unruhe der Schüler? usw. usw. (Zeichnung von HERBERT MÜLLER; aus: Arbeitsgruppe Pädagogisches Museum (Hg.): Geschichten für Schüler. Berlin: Elefanten-Press 1981, S. 16).

2. Sie bieten einen emotionalen Reaktionsanlass (Lachen, Betroffenheit, Nachdenklichkeit usw.).

Diese Abbildung ist dem Buch „Krümm dich beizeiten“ von Marie Marcks (Heidelberg: Quelle & Meyer 1980, 3. Aufl., S. 82) entnommen. Die Karikatur bietet Anlass, über den Lebensbezug von Schulunterricht nachzudenken.

Gedächtnisstützende Funktion (Reproduktionshilfe)

Die folgende Situation kennen Sie sicherlich: Sie können sich an eine bestimmte Textstelle in einem Buch deshalb so gut erinnern, weil sich auf der Seite des Buches ein großer Fettfleck (das kann auch ein Tintenklecks gewesen sein) befindet. Visualisierungen unterstützen das Behalten und Erinnern von Informationen, durch:

1. die Verknüpfung von Elementen der Wortsprache und der Bildsprache.

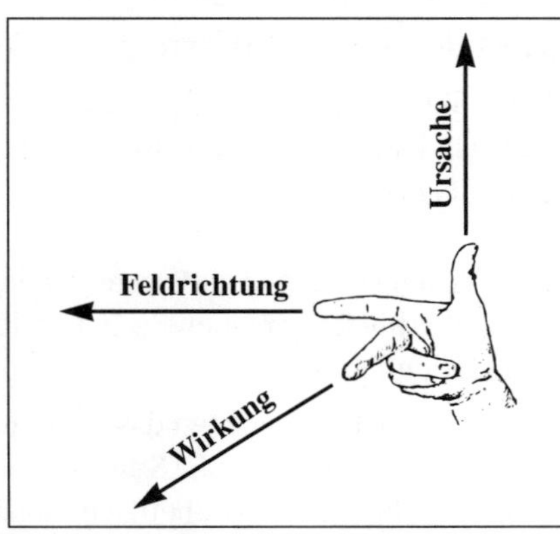

Die Abbildung visualisiert die Regel des deutschen Physikers H.F. Lenz, derzufolge der Induktionsstrom stets so gerichtet ist, dass er die Vorgänge, denen er seine Entstehung verdankt, zu hemmen versucht, in Form der sogenannten „Drei-Finger-Regel“ der rechten Hand. Die Visualisierung bietet für den Lernenden nicht nur den Vorteil, dass sich die Regel besser einprägt, sie hebt durch das Symbol der Finger nochmals die drei „Größen“ (Wirkung, Ursache, Feldrichtung) des Zusammenhangs in allgemeiner Form hervor.

2. durch die Verknüpfung von Elementen der Wortsprache und emotionalen Reaktionen.

Diese Abbildung (STERN Nr. 34, 1989, 17.8.1989) bietet uns wortsprachlich eine Aufzählung bekannter Markennamen japanischer und koreanischer Hersteller. Bildsprachlich bietet sich uns dagegen der – vermutlich durchaus beabsichtigte – Eindruck einer Invasion.

Das Bild prägt sich deshalb sehr gut ein, weil es z. B. bei einem europäischen Betrachter durch die Verbindung der positiv besetzten Marken*namen* mit den eher negativen *Bild*elementen (Invasion, Krieg) wahrscheinlich einen emotionalen Eindruck hinterlässt.

„Gestalt-" / Strukturierungs-Funktion

Haben Sie schon einmal folgende Situation erlebt: „Sie *sehen* die Sache klar vor sich!" Und Sie sehen mehr vor sich als die Summe vieler Teile, sondern die Struktur, das Ganze?

1. Da Visualisierungen als Ganzes wahrgenommen werden, bieten sie einen guten Überblick über einen Sachverhalt, ein Thema und erleichtern damit auch die Orientierung.

Folgende Übersicht zeigt das allgemeine Modell menschlicher „Signalübertragung" von Claude E. Shannon aus dem Jahre 1949. Es handelt sich um eine symbolische, symmetrisch konstruierte, einfache Schematisierung, die einen raschen Überblick über die am Prozess beteiligten Elemente und die zwischen ihnen bestehende Beziehung (Ablaufrichtung) vermittelt.

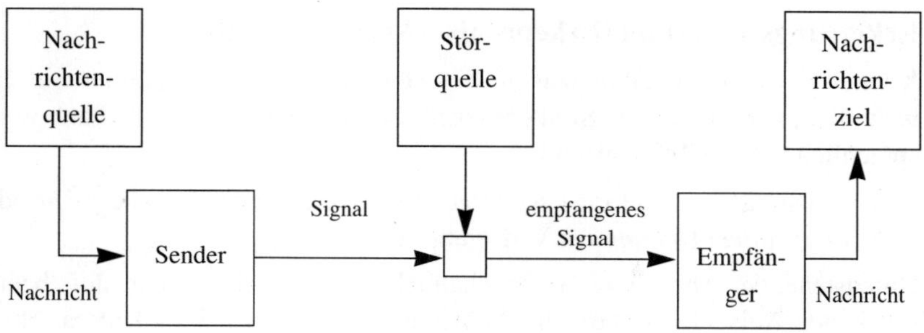

2. Sie können deshalb auch Verknüpfungen und Zusammenhänge zwischen den einzelnen Elementen eines Sachverhalts häufig besser darstellen als dies die sequentielle Darstellung in der Wortsprache gestattet.

Das folgende Schema veranschaulicht die Frage „Was ist ein Vertrag?". Die netzförmige Darstellung besteht aus den Elementen, ihren Definitionen und die zwischen allen Elementen bestehende (Teil-Ganzes-)Beziehung. Die Visualisierung mag auf den ersten Blick für den mit dieser Darstellungsform nicht vertrauten Leser unübersichtlich erscheinen. Ist man aber einmal mit der „Syntax" solcher Schemata vertraut, ist diese redundante Darstellungsform für Lernende sehr nützlich.

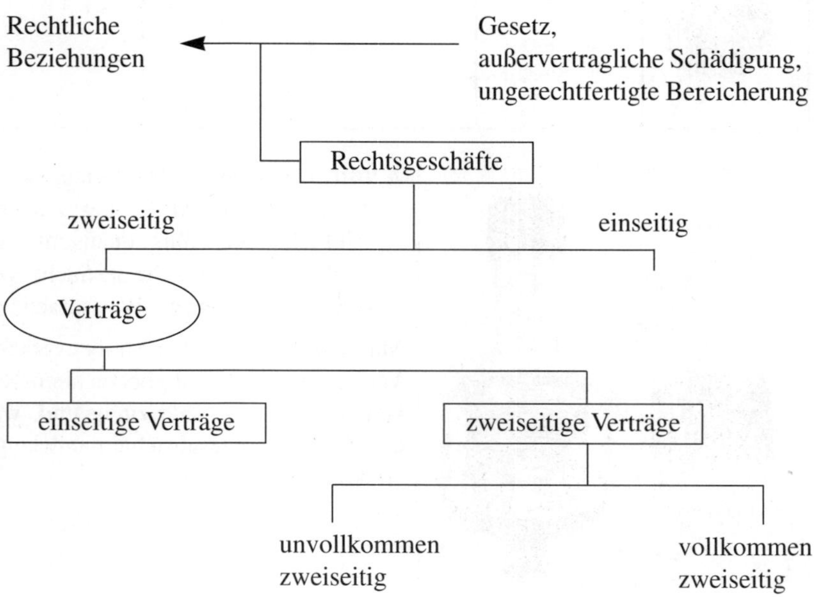

Erklärungs-Funktion (Erkenntnis- / Verstehenshilfe)

Können Sie sich vorstellen, wie ein Eiweißmolekül aussieht? Können Sie sich vorstellen, man würde die Straßenverkehrsschilder durch ausschließlich wortsprachliche Hinweise ersetzen?

1. Visualisierungen sind eine wichtige Ergänzung, wenn Sprache *nicht* oder *nicht in vollem Umfang* zur Verfügung steht.

Untenstehende Abbildung veranschaulicht diese Behauptung auf beeindruckende Weise. Es geht um die Wahlen im afrikanischen Staat Eritrea. Abgebildet ist der Wahlzettel zu diesen Wahlen. Jeder der abgebildeten Gegenstände repräsentiert einen Kandidaten. In der rechten Spalte dokumentiert der Wähler seine Wahl durch einen Fingerabdruck.

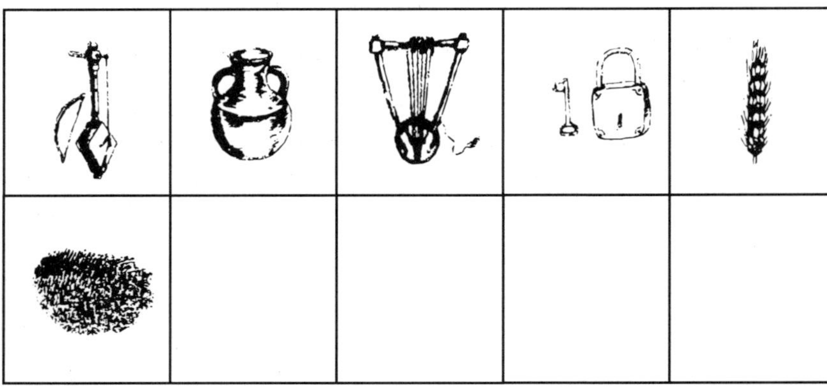

2. Visualisierungen sind notwendig, wenn die sprachliche Mitteilung zu umständlich oder völlig unangemessen ist, also die Bildsprache die Sache weit besser darstellt als die Wortsprache.

Man denke nur an den Straßenverkehr. Verkehrszeichen ermöglichen allen Verkehrsteilnehmern, sich zügig und, was die ihre Handlungsabsichten anbelangt, eindeutig zu verhalten.

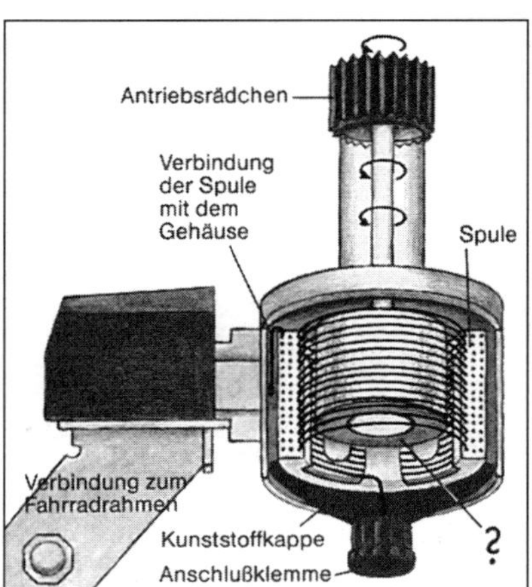

Abb. a)

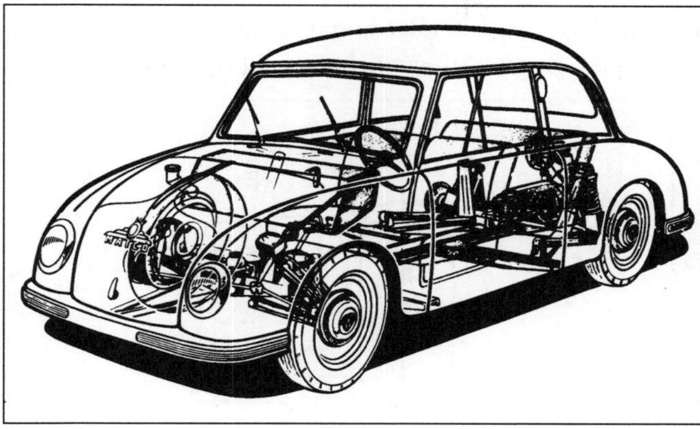

Abb. b)

3. Visualisierungen sind vorteilhaft, wenn es darum geht,
- einen Sachverhalt im *Überblick* zu zeigen.
  Beispiele:
  a) „Aufschnittbilder" (Dynamo)
  b) „Phantombilder" (Automobil)
  c) „Explosionszeichnungen" (Fernsprechapparat)
- ein besonderes *Detail* zu zeigen.
  Beispiel: „Lupenbilder" (Innenohr)

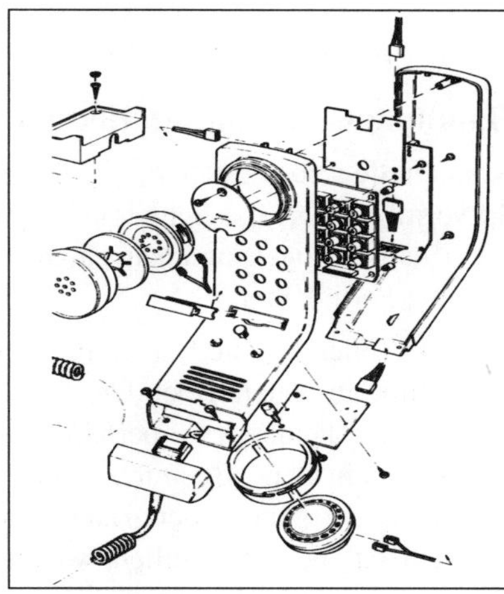

Abb. c)

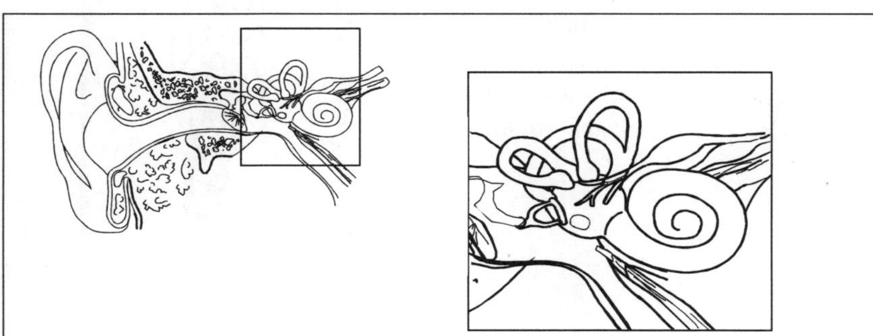

Abb. d)

- besonders *komplexe* oder *komplizierte* Sachverhalte darzustellen.
  Beispiel: Konstruktionszeichnungen (Werkstück)

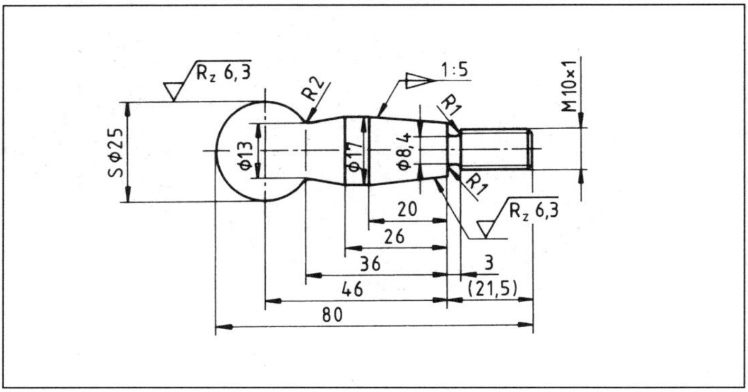

Handlungssteuerungs-Funktion

Können Sie sich vorstellen, Sie hätten das Schwimmen durch den Besuch von 40 Vorträgen über das Schwimmen gelernt?

1. Visualisierungen sind nahezu unverzichtbar für das Erlernen psychomotorischer Fertigkeiten.

Links sehen Sie die Belegung einer Klampe auf einem Boot. Die Abbildung ist keineswegs perfekt. Sie zeigt nicht den „Beginn“, sondern nur das Ergebnis der Handlung. Auch ist nicht ersichtlich, welche Funktion das linksseitig zu einer Schlaufe gefügte Tau hat. Gleichwohl ist diese verbesserungsbedürftige Visualisierung einer mündlichen oder rein schriftsprachlichen Darstellung der Aufgabe vorzuziehen.

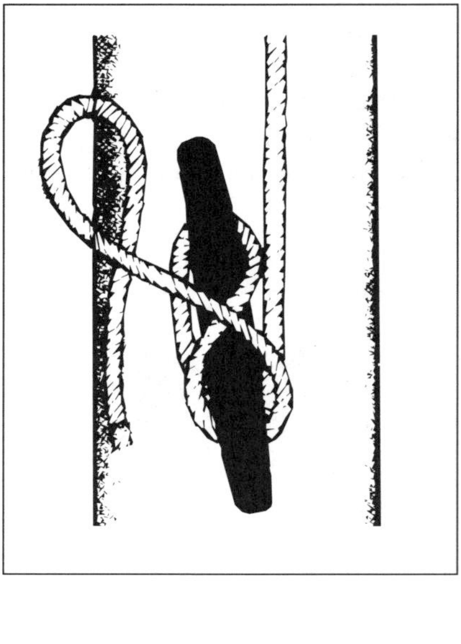

2. Visualisierungen erleichtern das Verstehen und Nachvollziehen von Handlungs- oder Bedienungsabläufen.

In dieser Abbildung wird eine Übung mit einem Gymnastik-Ball vorgestellt. Mit einem Blick kann der Übende „sehen“ was er mit dem Ball wie zu tun hat. Welcher Textmenge bedürfte es, um dem Übenden eine konkrete sinnliche Vorstellung zu vermitteln, was er tun soll?

Kommunikations-Funktion

Können Sie sich vorstellen, dass durch dauerndes Reden und Reden und Reden ... ein Problem rasch und unter Einbeziehung möglichst aller an der Kommunikation Beteiligten gelöst wird?

Visualisierungen können Diskussionen strukturieren, indem sie Ergebnisse und Verlauf einer Diskussion sichtbar darstellen (vgl. Literaturhinweise, S. 65 f.).

- Sie können Entscheidungsfindungen beschleunigen, indem sie Diskussionen strukturieren.
- Sie können – wenn sie zum Beispiel Teil bestimmter Gruppenarbeitstechniken wie Moderationsmethode (vgl. S. 55-66) sind – dafür sorgen, dass viele Personen an der Entscheidungsfindung beteiligt werden, indem sie allen Diskussionsteilnehmern Ausdrucksmöglichkeiten bieten.

„Ein Sachverhalt ist denkbar, heißt: Wir können uns ein Bild von ihm machen.“
(Wittgenstein)

Heuristische Funktion / Problemlösungs-Funktion

Können Sie folgende Aufgabe ohne Visualisierung lösen?
Neun Punkte, die in drei Reihen mit gleichmäßigen horizontalen und vertikalen Abständen angeordnet sind, sind durch **vier gerade Linien** so zu verbinden, dass der **Stift nicht abgesetzt** wird und **kein Punkt zweimal überfahren** wird.
Sie sind nützlich, wenn es um die Lösung von Problemen geht. Sie können Denkoperationen provozieren, die zur Erfassung des veranschaulichten Sachverhalts führen.

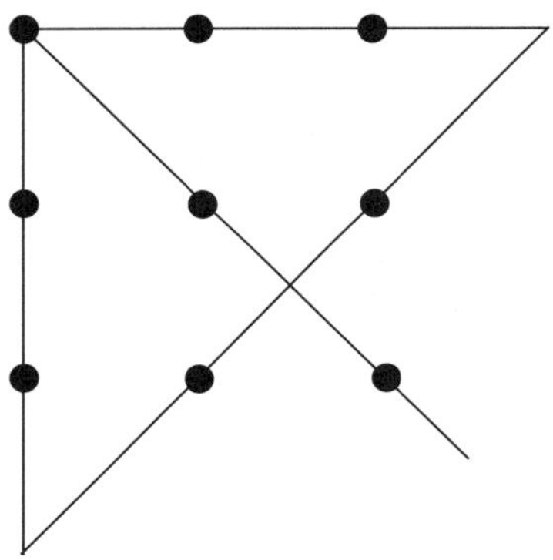

Ausdruck persönlicher Erfahrungen

Können Sie auf die Frage: „Was verstehen Sie unter dem Begriff ‚Katastrophe'?", ohne Zögern oder überhaupt eine lautsprachliche Antwort geben?

1. Dargebotene Visualisierungen können Sprechanlässe bieten.

So kann beispielsweise das Bild einer verschleierten Muslima, die mit einem Handy telefoniert, durchaus als Einstieg in die Diskussion des Zusammenhangs von „kultureller Tradition und technischem Fortschritt" dienen.

2. Selbst hergestellte Visualisierungen (sowohl symbolische als auch ikonische) können persönliche Sichtweisen und Befindlichkeiten ausdrücken (vgl. S. 75-80).

Fazit und Nachsatz

Es gibt in der Geschichte des Unterrichtswesens wohl kaum einen Qualitätsstandard, der so uneingeschränkt befürwortet wird, wie der der **Anschaulichkeit**: Von der antiken Rhetorik (QUINTILIAN, TACITUS, CICERO) über die Pädagogik des COMENIUS, der Aufklärung (KANT, ROUSSEAU) hin zur Pädagogik der Neuzeit (GOETHE, HERDER, PESTALOZZI, DIESTERWEG usw.) und alle ihnen chronologisch und inhaltlich folgenden Pädagogen. Und die empirische Unterrichtsforschung des 20. Jahrhunderts hat die **Veranschaulichung** als bedeutendes didaktisch-methodisches Prinzip des Lehrens und Lernens im Grundsatz durchgängig bestätigt.

Für alle, die sich mit dem Thema „Visualisieren“ theoretisch eingehender befassen möchten, abschließend der Hinweis auf einige meines Erachtens sehr lesenswerte Arbeiten:

• *Theoretische Betrachtungen*

ISSING, LUDWIG J.: Bilder als didaktische Medien. In: Lernen mit Bildern. Grünwald: Institut für Film und Bild in Wissenschaft und Unterricht 1983, S. 9 – 39

MEUTSCH, DIETRICH: Ein Bild sagt mehr als tausend Worte? Befunde zum Bildverstehen. In: Funkkolleg „Medien und Kommunikation“. Bd. 4. Weinheim, Basel: Beltz 1990, S. 45 – 83

WALCHER, KLAUS PETER: Eine psychologische Untersuchung der Begriffe Anschauung, Anschaulichkeit und Veranschaulichung. Meisenheim: Hain 1975

WEIDENMANN, BERND: Lernen mit Bildmedien. Psychologische und didaktische Grundlagen. Weinheim, Basel: Beltz 1991

WEIDENMANN, BERND: Wissenserwerb mit Bildern. Instruktionale Bilder in Printmedien, Film/Video und Computerprogrammen. München: Huber 1994

• *Historisch-exemplarische Darstellungen*

EVANS, MICHAEL: The Geometry of the Mind. Architectural Association Quarterly 12, 1980, 4, S. 32 – 55
Evans veranschaulicht die Vielfalt der Visualisierungsformen, die Autoren aus Kunst und Wissenschaft im Mittelalter zur Darstellung von Ideen und Fakten benutzten.

FERGUSON, EUGENE S.: The Mind's Eye: Nonverbal Thought in Technology. Science 197, 1977, S. 827 – 836
Der Autor beschreibt anhand zahlreicher Beispiele, welche Rolle das nonverbale Denken bei der technischen Entwicklung gespielt hat.

ROBIN, HARRY: Die wissenschaftliche Illustration. Von der Höhlenmalerei zur Computergraphik. Basel, Boston, Berlin: Birkhäuser 1992
Eines der beeindruckendsten Bücher zum Thema ”naturwissenschaftlicher Illustrationen”, die nach Auffassung des Autors folgende Funktionen erfüllen können: „Beobachtung“, „Induktion“, „Methodik“, „Selbstveranschaulichung“, „Klassifizierung“ und „Begriffsbildung“.

Eine Sammlung von 4000 Sinnbildern der europäischen Literatur enthält:
HENKEL, ARTHUR; SCHÖNE, ALBRECHT (Hg.): Emblemata. Handbuch zur Sinnbildkunst des 16. und 17. Jahrhunderts. Stuttgart, Weimar: Metzler 1996

Über Symbolsprachen der verschiedenen Kulturen informiert:
COOPER, J. C.: Illustriertes Lexikon der traditionellen Symbole. Wiesbaden: Drei Lilien Verl.1986

Über Zeichen und Symbole in der Jurisprudenz informiert:
KOCHER, GERNOT: Zeichen und Symbole des Rechts. Eine historische Ikonographie. München: Beck 1992

- *Pädagogisch-systematische Darstellungen*

BERTHOLD, MICHAEL: Darbieten und Visualisieren. Möglichkeiten und Grenzen von Darbietung und Anschauung im Unterricht. Bad Heilbrunn: Klinkhardt 1983

PETERßEN, WILHELM H.: Anschaulich unterrichten. Ein Lern- und Arbeitsbuch. München: Ehrenwirth 1994

- *Speziell zum Thema „Zeichen"*

FRUTIGER, ADRIAN: Der Mensch und seine Zeichen. Schriften, Symbole, Signete, Signale. Wiesbaden: Fourier 1991 (3. Aufl.)

- *Das erste „anschauliche" Schulbuch*

COMENIUS, JOHANN AMOS: Orbis sensualium pictus. Dortmund: Harenberg 1991 (4. Aufl.)

> „Nichts ist im Geiste, was nicht zuvor in den Sinnen war."
> (Locke)

2. Was visualisieren?

In diesem Kapitel geht es um die Frage der Inhalte und Ziele des Visualisierens. Einige Visualisierungsziele und -inhalte habe ich im Folgenden aufgelistet und ihnen jene Verfahren zugeordnet, mit deren Hilfe sie möglicherweise darzustellen bzw. zu realisieren sind.

Strukturen visualisieren

Bei der Visualisierung von Strukturen/Systemen geht es um den Bau, das Gefüge, den Zusammenhang von Teil und Ganzem.

Sie möchten folgende Strukturen visualisieren:

Hierarchische Strukturen	Baumstruktur, Zentralvernetzung (S. 30 ff.)
Nicht-hierarchische Strukturen	Paarweise Elementen-Zuordnung, Analogien (S. 34 ff.)
Logische Strukturen	VENN-Diagramm, EULERSCHE Kreise (S. 39 f.)
Sachtexte/Begriffsstrukturen	Semantische Netze (S. 40 ff.)
Kommunikationsstrukturen	Soziogramm, Kommunikationsdiagramm (S. 43 ff.)

Abläufe visualisieren

Bei der Visualisierung von Abläufen geht es um Prozesse, Verläufe, Schrittfolgen usw. Es gibt *allgemeine* (tätigkeits- und gegenstandsunspezifische) und *besondere* (auf ein bestimmtes Tätigkeitsfeld) bezogene Visualisierungsverfahren. Ich möchte hier nur ein Verfahren vorstellen, weil es ein allgemeines, vielfältig einsetzbares Verfahren ist, das **Flussdiagramm** (S. 49 ff.). Die zahlreichen fachspezifischen Verfahren der Visualisierung von Abläufen, wie zum Beispiel PETRI-Netze, Struktogramme, Blockdiagramme, Wärmeflussdiagramme, können hier nicht berücksichtigt werden. Literaturhinweise auf einige Verfahren, die vor allem in der Unternehmensorganisation eine Rolle spielen beschließen dieses Kapitel (S. 54).

Kreativ visualisieren:
Ergebnisse von Denk- und Diskussionsarbeit visualisieren

Hier geht es um Visualisierungstechniken, die nicht oder nur in geringem Maße *regel*gebunden sind, also den Anwendern einen großen „kreativen" Spielraum lassen.

Vorstellbar ist, Sie möchten ...

... mit einer Gruppe Lösungen zu einem Problem suchen oder Entscheidungen treffen oder Vorschläge sammeln.	Pinnwandtechnik / Moderationsmethode (S. 55 ff.)
... allein oder mit einer Gruppe Ideen produzieren oder eine Diskussion protokollieren.	Mind-maps (S. 66 ff.)
... zu einem Begriff das Vorwissen und die Vorstellungen der Lernenden aktivieren und zum Ausgangspunkt einer Diskussion machen.	Vorstellungsbilder (S. 75 ff.)

Weitere Literaturhinweise zum Thema „Kreatives Visualisieren" finden Sie auf S. 80 f.

„Freund! Wenn ich jetzt zurück sehe und mich frage: Was habe ich denn eigentlich für das Wesen des menschlichen Unterrichts geleistet? – so finde ich: ich habe den höchsten obersten Grundsatz des Unterrichts in der Anerkennung der Anschauung, als dem absoluten Fundament aller Erkenntniß, festgesetzt ..."
(Pestalozzi)

Zahlen visualisieren

In diesem Kapitel geht es um einige grundsätzliche Aspekte, die vor allem bei der *Erstellung* und teils auch bei der *Interpretation* von Zahlenbildern zu berücksichtigen sind. Im Einzelnen geht es um folgende Fragen:

• Was sollte man bei der Erstellung von Zahlenbildern **immer beachten**?	S. 82 f.
• Welche **Diagrammart** (Balken-, Kreis-, Linien-, Flächendiagramm) ist wann angemessen?	S. 84, S. 86 ff.
• Wie sollte die **äußere Form** von Zahlenbildern aussehen?	S. 84
• Welche **Konstruktionsregeln** sind bei den einzelnen Diagrammarten zu berücksichtigen?	S. 86 ff.
• Wie erkennt man, ob ein Zahlenbild **manipulierbar** ist?	S. 93 ff.
• Wie kann man Zahlenbilder **attraktiver** gestalten?	S. 99 ff.

Technische Dokumentation

Der Bereich der technischen Dokumentation/Illustration gewinnt ständig an Bedeutung. Technische Dokumentation bezieht sich auf den Zusammenhang von Hersteller und Nutzer, von Produkt und Anwendung. Immer geht es um die Frage: Ist die dem Produkt beigefügte Dokumentation in wort-, bildsprachlicher und typographisch-gestalterischer Hinsicht für den Käufer, Nutzer angemessen?
Auf die wesentlichen Informationsquellen zum Thema weise ich in diesem Kapitel hin (S. 102 f.).

2.1 Strukturen visualisieren

Bei der Darstellung von Strukturen geht es immer um zweierlei: Um die Darstellung von **Elementen** und die zwischen ihnen bestehenden **Beziehungen**. In der Literatur begegnen wir mitunter den aus der Grafentheorie (Mathematik) stammenden Begriffen „Knoten“ für Elemente und „Kanten“ für Beziehungen. Um folgende Strukturen geht es im Einzelnen:

Hierarchische Strukturen

Viele Strukturen sind hierarchisch. Ihre Lesart folgt also den typisch hierarchischen Richtungen von „oben nach unten“ oder von „links nach rechts“ oder von der „Mitte nach außen“; kurzum sie folgen *einer* Richtung. Zunächst zur prominentesten hierarchischen Struktur:

Baumstruktur

In vielen Fällen besitzt das Beziehungsnetz eine Baumstruktur. Der Begriff will an Wachstum und Verzweigung eines Baumes erinnern: Ein Stammkonzept (das Basis-Element sozusagen) ist der Ausgangspunkt für alle weiteren Objekte. Über mehrere Ebenen verzweigen sich die Konzepte in Folge-, Teil- oder Unterkonzepte, bis die „unterste“ Verzweigungsstufe erreicht ist. Ein Baum wächst nach oben, gezeichnet wird er – in Anpassung an unsere Lesegewohnheiten – von oben nach unten, gelegentlich von links nach rechts. Das Spektrum der Anwendungen ist nahezu grenzenlos: *Art-Gattungs-Schemata* (Botanik), *Entscheidungsbäume* (Problemlösungstechniken), *Rangbäume* (Organisation), *Codebäume* (Informatik), *Syntaxbäume* (Linguistik), *Definitionsbäume* (Begriffslogik), *Zerfallsbäume* (Kernphysik), *Suchbäume* (Heuristik) usw.

Die Übersicht zeigt den Stammbaum der berühmten BERNOULLI-Dynastie, die über vier Generationen bedeutende Mathematiker und Physiker hervorgebracht hat. Der Baum ist nicht vollständig, sondern beschränkt sich auf die prominenten Mitglieder der Familie. Visualisiert ist von oben nach unten die *Vater-Sohn-Beziehung*.

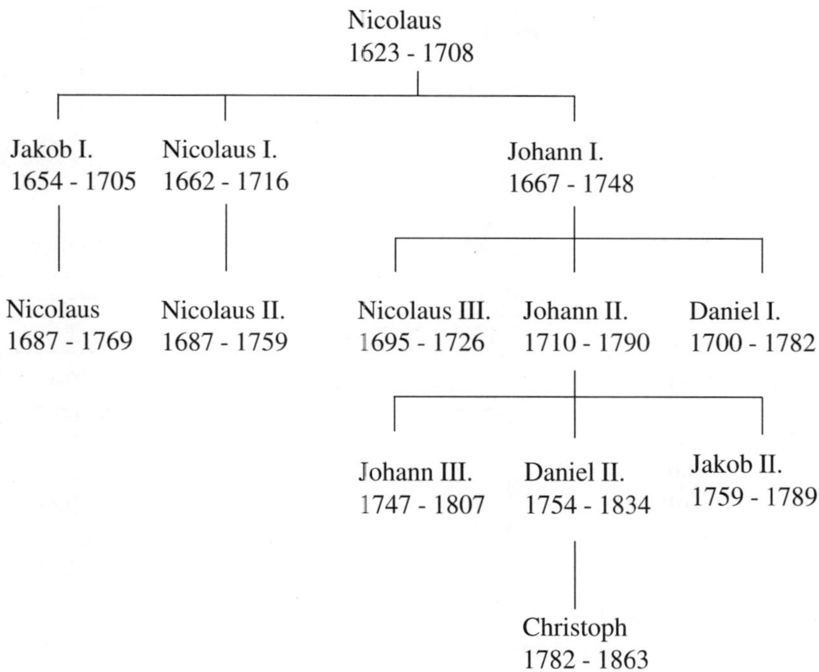

Zentralvernetzung

In vielen Fällen hat die Beziehungsstruktur die Form einer Zentralvernetzung: Ein im *Mittelpunkt* stehender Sachverhalt konzentriert eine Vielzahl unterschiedlicher Ausprägungen. Die Zentralvernetzung wird von innen nach außen gelesen: Viele Einzelbegriffe lassen sich unter einem Zentralbegriff subsumieren. Zentralvernetzungen prägen sich leichter ein als Baumstrukturen, weil es nur zwei Hierarchiestufen gibt.

Drei Beispiele:

Abbildung a) zeigt eine einfache Anwendung zum Thema „So frustrieren Sie im Unterricht!“. Im Zentrum steht die Frage, darum gruppiert sind die einzelnen „Frustrationsfaktoren“.

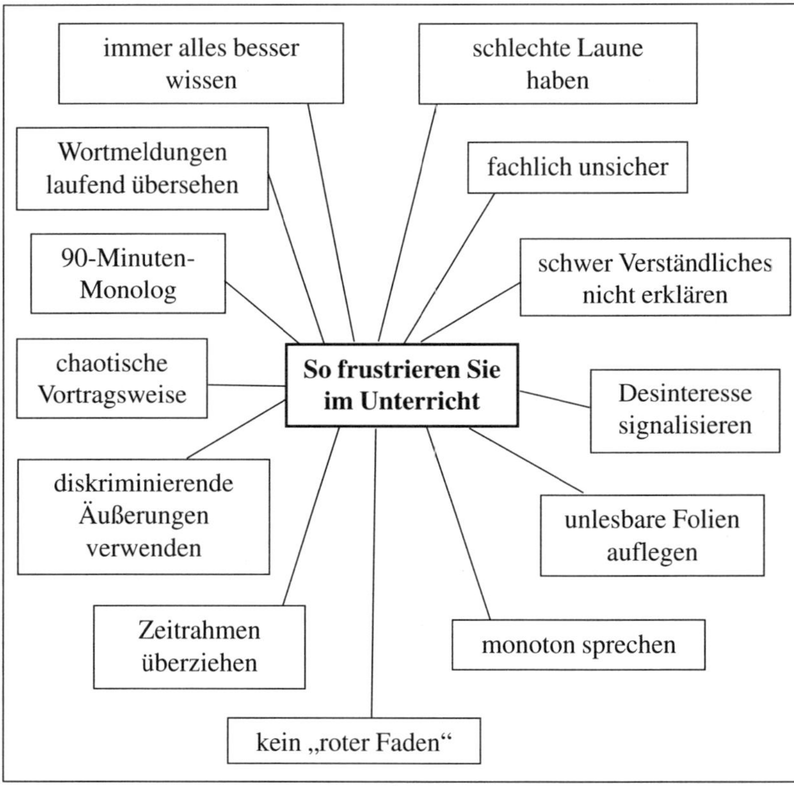

Abb. a)

Abbildung b) verfährt nach dem gleichen Prinzip. Es geht um die Frage nach den Planungsfaktoren im Lehr- und Lernprozess. Auch hier sind die einzelnen Faktoren, ohne eine Gewichtung, um das Zentrum gruppiert. Lediglich die Beziehung der Faktoren zum Zentrum ist präzisiert. Heißt die Beziehung in Abbildung a) für alle Elemente pauschal „so frustrieren Sie“, so heißt sie in Abbildung b) nicht nur „ist Teil der Planung“, sondern sie wird durch jeweilige Zusatzfrage näher erläutert.

Abbildung c) entstammt dem Gebiet der Grammatik. Es geht um die Darstellung der verschiedenen Arten gleich ordnender Konjunktionen. Im Zen-

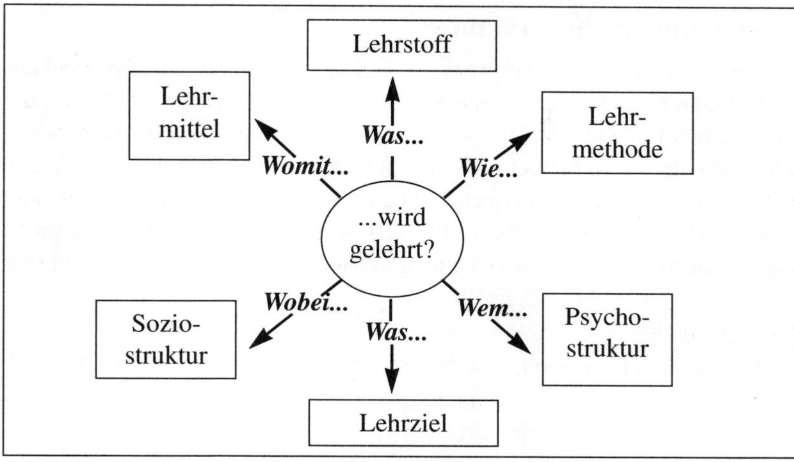

Abb. b)

trum steht der zu differenzierende Begriff (gleich ordnende Konjunktionen), um ihn herum gruppieren sich zunächst die verschiedenen Arten, im äußeren Ring sind Beispiele für jede Art aufgelistet. Im Unterschied zu den beiden vorangestellten Beispielen wählten die Autoren eine kreisförmige Darstellung. (Aus: BÜNTING, K.-D.; EICHLER, W.: Grammatiklexikon. Berlin: Cornelsen Scriptor 1997[3], S. 95)

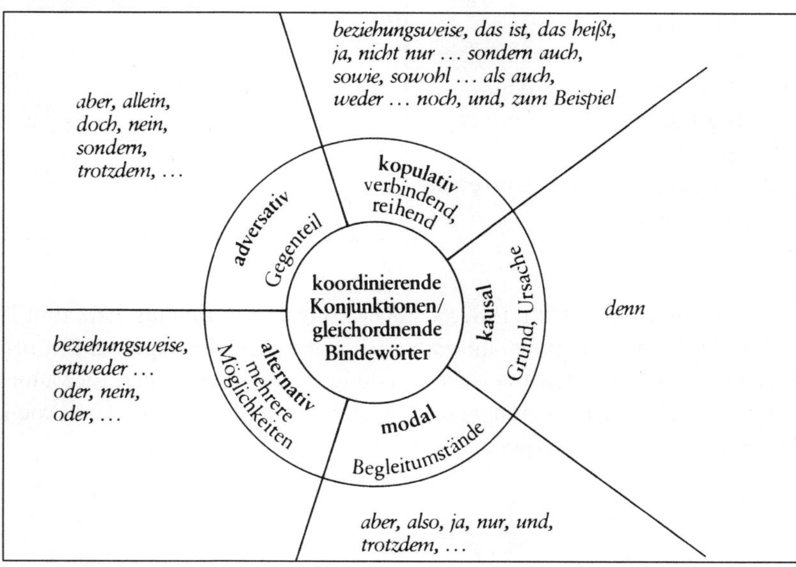

Abb. c)

Nicht-hierarchische Strukturen

In vielen Fällen besitzt das Beziehungsnetz keine hierarchische Struktur. In nicht-hierarchischen Beziehungsnetzen hat man es häufig auch mit *unterschiedlichen* Beziehungen zu tun, die dann durch eine *Legende* oder durch *Beschriftung* der Beziehungen gekennzeichnet werden müssen. Auch kann die Struktur nicht einfach „von oben nach unten" oder „von der Mitte nach außen" oder „von links nach rechts" entschlüsselt werden. Vielmehr ist die „Lesart" immer nur aus dem jeweils darzustellenden Sachzusammenhang zu erschließen.

Zwei Beispiele:

Nebenstehend sehen Sie ein Beziehungsnetz mit einer einheitlichen Beziehung (der Pfeil drückt aus: „kann Blut spenden an ..."). Es geht um Frage der Bluttransfusion: wer wem Blut spendet bzw. wer von wem Blut empfangen kann.Die medizinischen Regeln, d. h. die zwischen den Elementen des Sachverhalts (= Blutgruppen) bestehen Beziehungen besagen vereinfacht:

1. Es kann stets gruppengleiches Blut übertragen werden.
2. Blutgruppe 0 ist „Universalspender".
3. Blutgruppe AB ist „Universalempfänger".

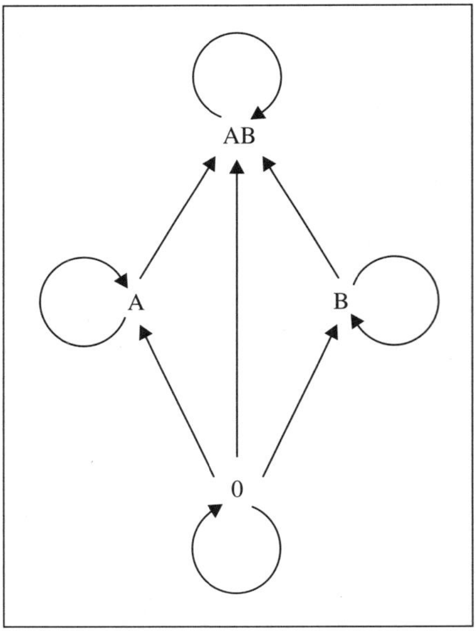

Das Schema (HEYDECKE 1982, S. XXIV) zeigt ein Beziehungsnetz zum Thema „Luftverunreinigung" mit *unterschiedlichen* Beziehungen. Es ist offensichtlich, dass die schematische Darstellung nur zu verstehen ist, wenn die *unterschiedlichen* Bedeutungen des *einheitlichen* Pfeilsymbols sprachlich jeweils ausgewiesen werden.

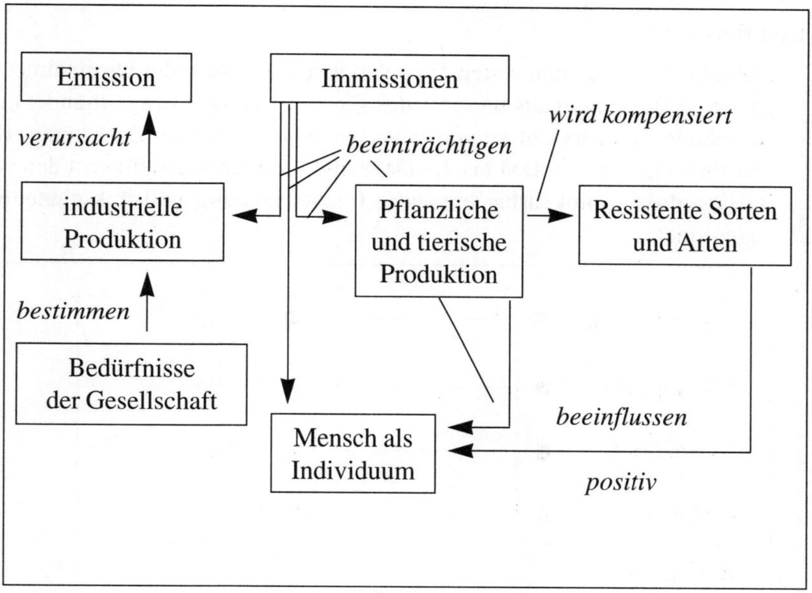

Paarweise Elementen-Zuordnung

Paarweise Zuordnungen sind Ihnen aus fast allen Bereichen des täglichen Lebens bekannt; z. B. Tabellen, Verzeichnisse, Listen usw. Ihre drucktechnische Aufbereitung ist durchweg „benutzerfreundlich" gestaltet. Gibt es also trotzdem Gründe, solche Zuordnungen zu visualisieren? Die Antwort ist „ja" – aber nicht auf Anhieb einleuchtend. Zunächst versteht es sich von selbst, dass nur kleine Mengen von Objekten für eine Visualisierung geeignet sind. Was man allerdings besser als in der Tabelle, der Liste sichtbar machen kann, ist die Typologie der Zuordnung. Sie kann mit den Prädikaten „eindeutig" und „mehrdeutig" charakterisiert werden. Es ergeben sich somit vier Zuordnungs-Typen: die *umkehrbar* eindeutige, die *links-*, die *rechts*eindeutige und der Typ, bei dem *keine* eindeutige Zuordnung möglich ist.

Drei Beispiele:

Abbildung a) zeigt den ersten Typ: Von jedem Element der Originalmenge geht eine Beziehung aus und in jedes Element der Bildmenge mündet eine Beziehung. Man spricht von einer *umkehrbar eindeutigen* Zuordnung. Die vier Preisklassen (1,– DM bis 4,– DM) sind im Inlands-Briefdienst den vier Basisprodukten umkehrbar eindeutig (rechtseindeutig und linkseindeutig) zugeordnet.

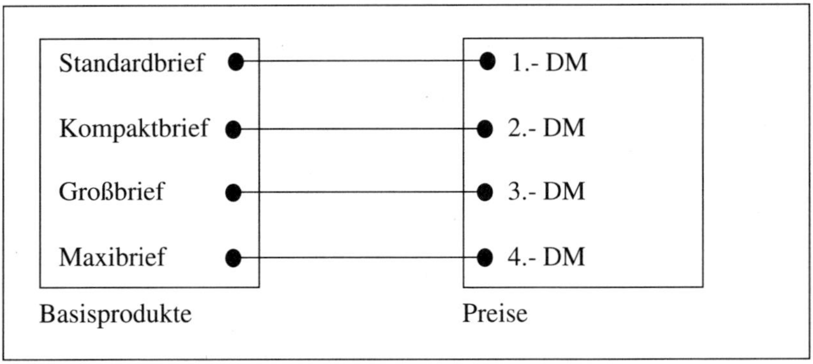

Abb. a)

In Abbildung b) erkennen Sie auf einen Blick den Unterschied zu a): Diese Zuordnung ist nach rechts gelesen eindeutig, d. h. *rechtseindeutig*, sie ist aber nicht linkseindeutig. Aus dem Prüfungsgesamtergebnis kann man nicht auf die Prüfungsnoten schließen!

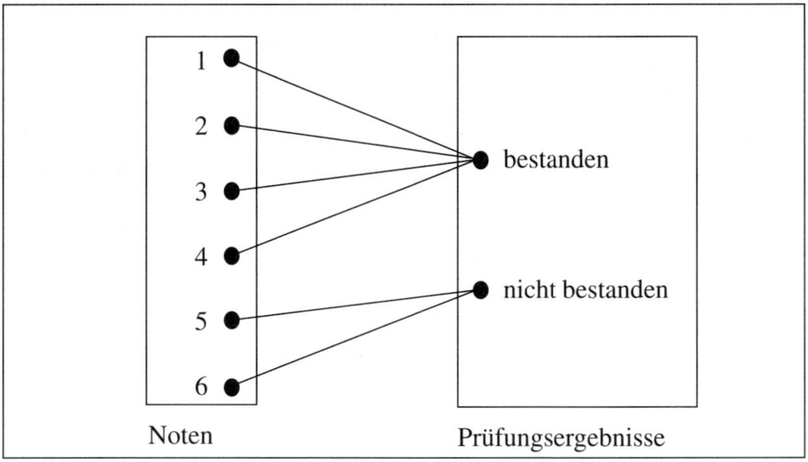

Abb. b)

In Abbildung c) schließlich erkennen Sie *weder eine rechts- noch linkseindeutige* Zuordnung zwischen Visualisierungswünschen und Programmtypen. Allerdings gibt diese Zuordnung keine Auskunft auf die praktisch relevante Frage: „Welches Programm erledigt welchen Visualisierungswunsch effizient?"

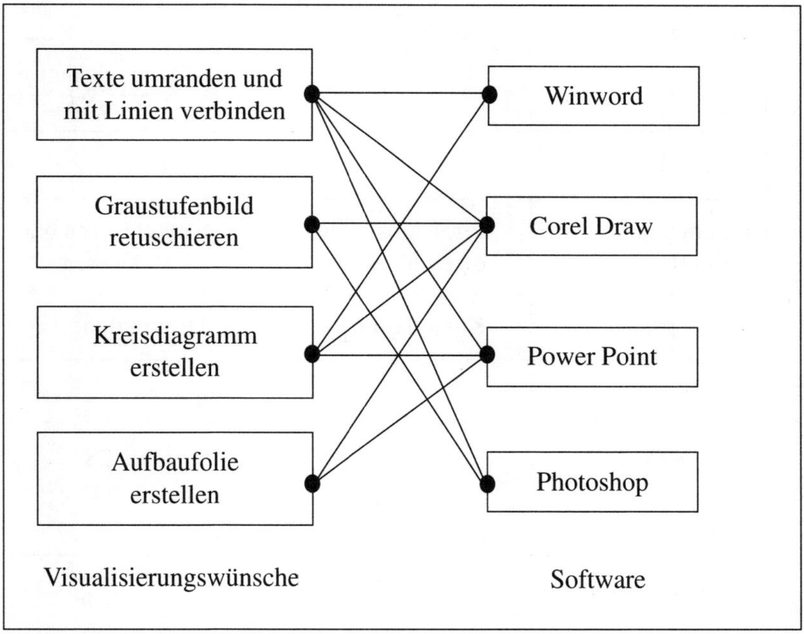

Abb. c)

Analoge Strukturen

Zwei Begriffsstrukturen werden zueinander in Beziehung gesetzt, indem man ihre *analogen*, das heißt *ähnlichen*, *vergleichbaren*, *entsprechenden*, *gleichartigen* Konzepte (Elemente) paarweise zuordnet. Dabei können die analogen Entsprechungen durchaus gegensätzlicher Natur sein. Entscheidend für die Analogie ist nur ihre *Zuordnung unter dem gleichen Bedeutungsaspekt*. Bei der Visualisierung muss die Zuordnung sichtbar werden. Zugleich muss die inhaltliche Ausprägung der Analogie zum Ausdruck kommen, denn sie charakterisiert die Art der Beziehung. Analogien sind aufgrund der mit ihnen einhergehenden Redundanz sehr lernfreundlich: Es genügt, *eine* Struktur zu kennen, die andere ergibt sich durch „analoge Betrachtung". In der Regel stellt man Analogien *tabellarisch* dar.

Zwei Beispiele:

Die Übersicht zeigt die tabellarisch visualisierte Analogie zwischen Reihen- und Parallelschaltung zweier bistabiler Schaltelemente a, b.

Analogie	**Reihenschaltung**	**Parallelschaltung**
Symbolik	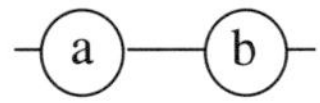	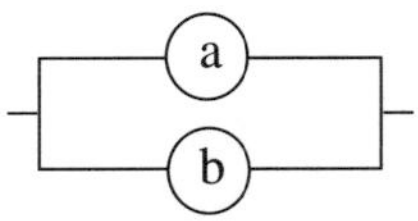
Redeweise	seriell	parallel
Bedingung für Stromfluss	a geschlossen und b geschlossen	a geschlossen oder b geschlossen
Verknüpfung	Konjunktion	Disjunktion
Formalismus	$a \wedge b$	$a \vee b$
Älteres Symbol	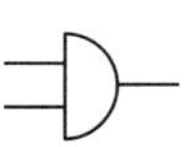	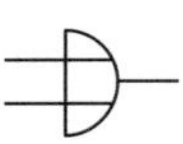
Aktuelles Symbol	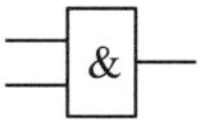	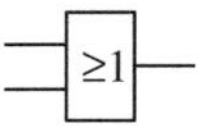

Entscheidet man sich für eine nicht tabellarische Visualisierung analoger Strukturen, dann sollte man beachten, dass die Zuordnung der sich entsprechenden Konzepte eindeutig und rasch erkennbar ist

„Du sollst von der Anschauung ausgehen und von ihr zum Begriff gelangen! Vom Besonderen zum Allgemeinen, vom Konkreten zum Abstrakten und nicht umgekehrt."
(Diesterweg)

Folgend sind Analogien zwischen den zwei Unterrichtsmedien (Arbeits-, Overhead-)Projektor und (Wand-)Tafel in Hinblick auf die Qualität der Wissensstruktur, Verhaltensweisen des Lehrenden, der Lernenden aufgezeichnet. Dabei sind die Beziehungen durch die abgerundeten Rechtecke ersetzt.

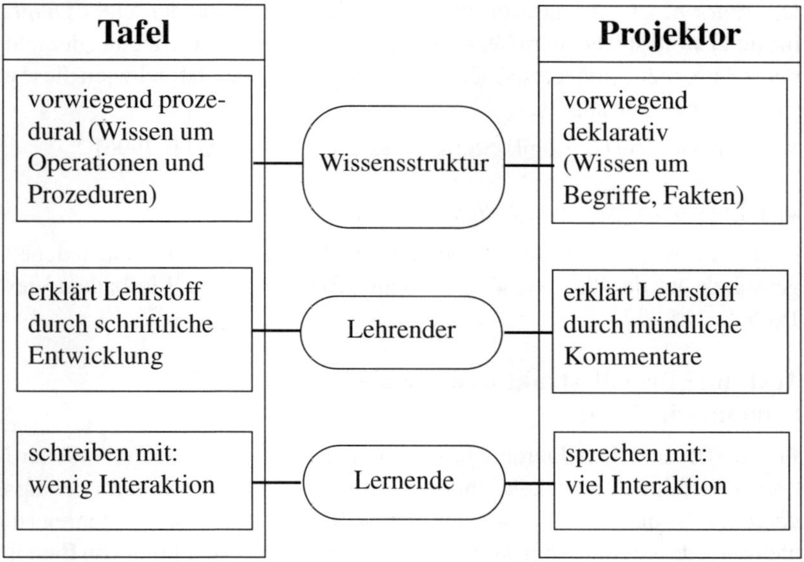

Logische Strukturen visualisieren

Ich möchte hier auf zwei Visualisierungs-Verfahrens nur hinweisen, die geeignet sind, um logische Beziehungen in Behauptungen zu visualisieren. Es sind dies die **Venn-Diagramme** (benannt nach ihrem „Schöpfer", dem englischen Mathematiker John VENN) und die von dem Mathematiker Leonhard EULER entwickelten und später ebenfalls nach ihm benannten **Eulerschen Kreise**.

Die Vorteile beider Visualisierungs-Verfahren bestehen für den

- *Produzenten* darin, dass man die Stichhaltigkeit von Behauptungen (vor allem von Schlussfolgerungen) überprüfen kann und besonders mit den VENN-Diagrammen prüfen kann, ob eine vorhandene Informationsbasis ausreichend ist, um über einen Gegenstand eine zuverlässige Aussage zu machen;
- *„Konsumenten"* darin, dass der ausgedrückte Sachverhalt – versteht man erst einmal die „Sprache" dieser Visualisierungs-Verfahren – rascher und in den meisten Fällen auch leichter zu verstehen ist als in seiner wortsprachlichen Darstellung.

• *Zu* VENN-*Diagrammen*

NUTE, DONALD: Critical Thinking and Problem Solving. Unit 3: VENN Diagrams. Department of Philosophy, University of Georgia 1996 (http://aisun1.ai.uga.edu/faculty/nute/102/venn.html)

Der Autor beschreibt die Konstruktion und Interpretation der VENN-Diagramme unter weitestgehendem Verzicht auf die sonst übliche Darlegung der mathematischen, mengentheoretischen oder aussagelogischen Grundlagen dieses Visualisierungs-Verfahrens.

WESLEY, SALMON C.: Logik. Stuttgart: Reclam 1983 (= UTB 7996)

• *Zu* EULERS *Kreisen der „Erfinder" selbst*

EULER, LEONHARD: Briefe an eine deutsche Prinzessin über verschiedene Gegenstände aus der Physik und Philosophie. Braunschweig, Wiesbaden: Vieweg 1986, S. 114 - 125

Text- und Begriffsstrukturen visualisieren: Semantische Netze

In den 70er und 80er Jahren wurden von Lernpsychologen verschiedener Nationen Verfahren entwickelt, um die *semantische*, also die *inhaltliche*, die *Bedeutungs*- Struktur von Sachtexten zu visualisieren. All diesen Verfahren ist gemeinsam, dass es ihnen bei der Visualisierung um die Darstellung von **Begriffen** und die zwischen ihnen bestehenden **Beziehungen** geht. Es geht also auch hier, wie Sie jetzt bereits mehrfach sehen konnten, wieder um die Visualisierung von *Elementen* (allerdings ist in diesem besonderen Fall etwas präziser von „Begriffen" die Rede) und *Beziehungen*.

Wie erstellt man ein semantisches Netz?

Man geht in drei Schritten vor:

1. Zunächst identifiziert man die für das Verständnis des Textes zentralen Begriffe. Die **Begriffe** geben Auskunft auf die Fragen: „Worüber sagt der Text etwas aus?", „Welches Thema behandelt der Text?"
2. Sodann identifiziert man die zwischen diesen als zentral erachteten Begriffen bestehenden Beziehungen. Die **Beziehungen** geben Auskunft auf die Fragen: „Was sagt der Text hierüber aus?", „Welches sind die wesentlichen Textaussagen?", „Welche Relationsstruktur besteht zwischen den Begriffen?"
3. Begriffe und Beziehungen werden im dritten Schritt in ein semantisches Netz übertragen, also visualisiert. Dabei geht man wie folgt vor:

Begriffe werden mit einer *Umrahmung* gekennzeichnet. Welche Form der Umrahmung man wählt, bleibt einem freigestellt. **Beziehungen** werden entweder durch unterschiedliche *Pfeil- und Linien-Verbindungen* oder durch eine einheitliche Verbindung mit unterschiedlicher Buchstaben-Notation dargestellt. Mit Hilfe unterschiedlicher Notationen oder Linienverbindungen lassen sich die verschiedenen Beziehungen zwischen den Begriffen abbilden.
Die unten stehende Liste wichtiger Beziehungen ist nicht vollständig, wird aber in der Regel genügen, um die inhaltliche Struktur eines Textes abzubilden.

Beziehung	**Signalwort**
Eigenschaft	hat, ist gekennzeichnet
Ist-ein	ist, ist Beispiel für
Teil-Ganzes	ist Teil von, besteht aus
Bedingung	wenn, wenn-dann
Begründung	weil, deshalb
Folge	führt zu, so dass
Vergleich	ist wie, entspricht
Zweck	damit, dass
Mittel	indem, mittels
Verneinung	ist nicht, kein
Ort/Lage	liegt an

Bei der Erstellung eines semantisches Netzes sollten Sie stets abwägen, wie detailliert Sie den Text abbilden wollen.
Grundsätzlich gilt: Je differenzierter das Netz, d. h. je größer die Zahl der Begriffe und Beziehungen ist, desto unübersichtlicher wird es.
Am einfachsten ist dieses Verfahren anzuwenden, wenn man sich damit begnügt, nur die wesentlichen Strukturen eines Textes abzubilden.

Worin bestehen die Vorteile der Technik?

Empirische Befunde deuten darauf hin, dass die Anwendung dieses Verfahrens helfen kann, die wesentlichen Inhalte und Aussagen eines Textes besser zu verstehen und länger zu behalten.

Ein Beispiel

Der folgende Text aus einem medizinischen Lehrbuch könnte wie folgt visualisiert werden; wobei die Buchstaben folgende Relationen symbolisieren:
i = ist-ein; t = Teil/Ganzes; e = Eigenschaft; k = Kausalität:

> Das Grundplasma
>
> Das Grundplasma (Hyaloplasma, zytoplasmatische Matrix) ist das Protoplasma der Zelle. Es erzeugt deren Arbeitsstrukturen, die Organellen, und verdient deshalb die Bezeichnung „zytoplasmatische Matrix“ zu Recht. Alle geformten Bestandteile der Zelle (Kern, Organellen), auch das Meta- und Paraplasma, sind eingebettet in das Grundplasma. Lichtmikroskopisch erscheint es in der lebenden Zelle gestaltlos, leer und glasig und von dünn- bis zähflüssiger Konsistenz. Es kann aus dem flüssigen Solzustand in den gallertartigen Gelzustand übergehen und den umgekehrten Wandel vollziehen; wegen des glasigen Aussehens nennt man es „Hyaloplasma“ (hyalos, griech. = glasartig und plasma = das Geformte). Das Grundplasma ist in der Solphase wie eine Flüssigkeit in Bewegung, in ihm spielt sich dann die BROWNsche Molekularbewegung ab. Zellphysiologisch gesehen ist das Grundplasma ein aus Wassers als Dispersionsmittel und Eiweißkörpern, Fettstoffen, Kohlehydraten, Vitaminen und Mineralsalzen zusammengesetztes schwach alkalisches System. Das Wasser bildet die Hauptmasse, von den festen Be-

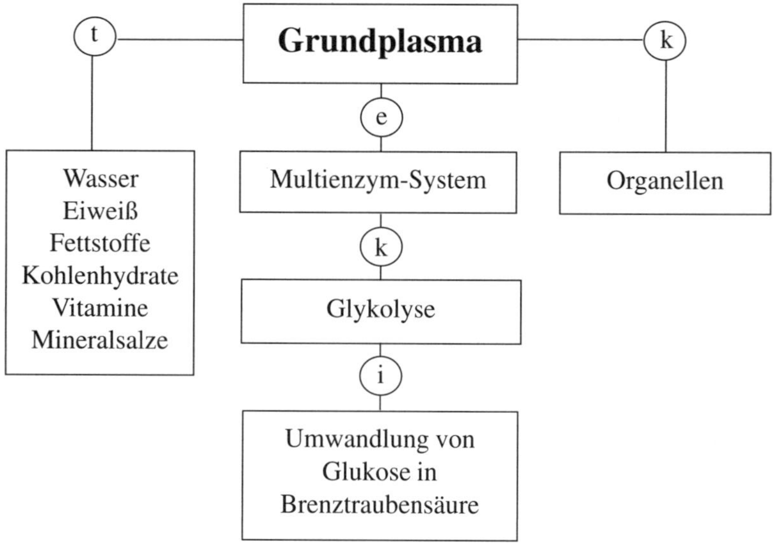

standteilen sind die Eiweißkörper die wichtigsten. Das Elektronenmikroskop vermag bis jetzt nichts als eine feinkörnige und feinfädige Struktur des Grundplasmas aufzudecken. Das Grundplasma besitzt ein Multienzymsystem. Eine wesentliche Aufgabe dieses Systems ist es, die Glykolyse, d.h. die Glukose – den wichtigsten Stoff für die Zellatmung und die Energiegewinnung der Zelle – in Brenztraubensäure zu verwandeln, damit diese von den Mitochondrien zu Kohlenoxid und Wasser oxidiert wird.

Noch ein abschließender Rat

Verzichten Sie nicht auf die Kennzeichnung der *Beziehungen*! Es ist einfach, Begriffe herauszuschreiben und sie nur mit Linien oder Pfeilen zu verbinden. Das kostet weniger Nachdenken, weniger Zeit. Und selbst wenn man sich in dem Augenblick, in dem man einen Text auf diese Weise visualisiert, sehr wohl über die Bedeutung dieser oder jener Linie im Klaren ist, greift man nach längerer Zeit wieder auf seine Visualisierung zurück, so wird einem der Zusammenhang der Begriffe oft nicht mehr klar sein. Alle Linien sehen gleich aus; die *unterschiedlichen* Bedeutungen der Beziehungen, die einem seinerzeit noch bewusst waren, sind nun nur noch schwer oder überhaupt nicht mehr zu erinnern. Gleiche Liniensymbole – so die Regel – bedeuten gleiche Beziehungen! Betrachten Sie das Beispiel auf Seite 35. Würde der Pfeil nur *eine* Beziehung ausdrücken, so wäre der abgebildete Zusammenhang offensichtlich nicht sinnvoll (richtig) zu rekonstruieren.

JÜNGST, KARL LUDWIG.: Lehren und Lernen mit Begriffsnetzdarstellungen. Zur Nutzung von concept-maps bei der Vermittlung fachspezifischer Begriffe in Schule, Hochschule, Aus- und Weiterbildung. Frankfurt am Main: Afra Vlg. 1992

Themenheft „Vernetztes Denken" der Zeitschrift *Unterrichtswissenschaft*, 23, 1995, 3

Kommunikations-Strukturen visualisieren

Die beiden folgenden Visualisierungs-Verfahren bilden Kommunikationsstrukturen ab; und zwar mit unterschiedlichem Anspruch. Das **Soziogramm** versucht *qualitative*, das **Kommunikationsdiagramm** *quantitative* Beziehungen abzubilden. Beide Verfahren dienen dem Zweck, zu Aussagen über die kommunikative Struktur von Gruppen zu gelangen.

1. Das Soziogramm

Das Soziogramm ist ein Verfahren zur grafischen Darstellung qualitativer Beziehungen in einer Gruppe (Sympathie, Antipathie, Cliquen, Führungspersonen, Gruppenzusammenhang, Status einzelner Gruppenmitglieder usw.). Um welche Gruppe es sich dabei handelt, ist unwichtig. Es kann sich um Schulklassen, um Arbeitsteams, um eine Reisegruppe usw. handeln. Das Verfahren wurde 1934 von L. J. MORENO entwickelt und gilt bis heute als eines der wichtigsten Verfahren, um qualitative Gruppenstrukturen zu erfassen und zu visualisieren.

Wie erstellt man ein Soziogramm?
Soziogramme werden mit Hilfe von (zumeist) schriftlichen Befragungen erstellt. Die Mitglieder einer Gruppe werden aufgefordert, ihre Zu- bzw. Abneigung gegenüber allen anderen Mitgliedern in Form einer Rangfolge anzugeben (z. B. „Mit welchen Personen würden Sie – wenn Sie die Wahl hätten – am liebsten arbeiten, trainieren, in Urlaub fahren, spielen usw.?").

Es gelten folgende Visualisierungs-Regeln:

1. Die Ergebnisse solcher Wahlen werden zunächst in einer so genannten **Soziomatrix** dargestellt.

	Gewählte							
Wähler	**1**	**2**	**3**	**4**	**5**	**6**	**7**	**8**
1. Walter		–		–		+		
2. Beate					+			+
3. Kai		+					+	+
4. Sophie	–				+	+	+	
5. Manuel				+		+	+	
6. Katja	–			+	+		+	
7. Felix		–						–
8. Anna		+	+					
Σ Spalten (+)	0	2	1	2	3	3	4	2
Σ Spalten (–)	2	2	0	1	0	0	0	1

2. Anschließend werden sie in **Kreis-** und **Dreiecks-Symbole** übertragen: der Kreis steht für Personen weiblichen, das Dreieck für Personen männlichen Geschlechts. In das Kreis- bzw. Dreiecks-Symbol werden der Name des Gruppenmitglieds und die Anzahl der positiven bzw. negativen Wahlen eingetragen (Abbildung a).
3. Die Wahlentscheidungen werden durch **verschiedene Linien** symbolisiert (Abbildung b).

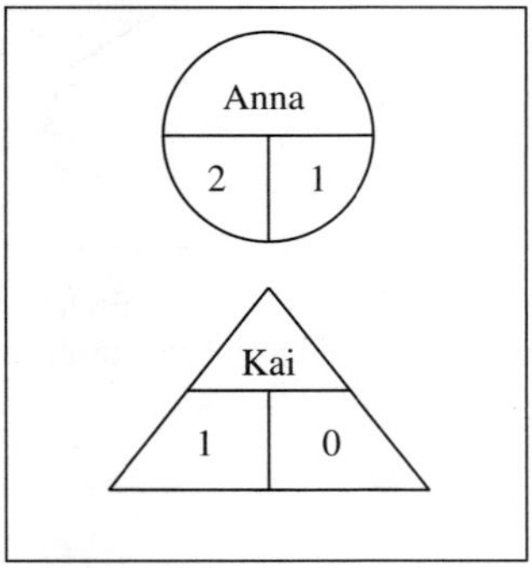

Abb. a)

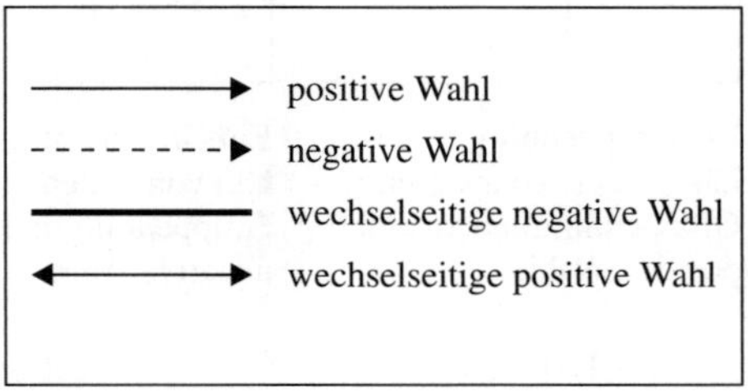

Abb. b)

Ein Beispiel:

Ergebnisse der Wahl in einer Trainingsgruppe. Frage: „Wer ist Ihnen in Ihrer Gruppe am sympathischsten, wer ist Ihnen am unsympathischsten (Geben Sie eine Rangfolge an!)“? Die Ergebnisse dieser Wahl werden zunächst in eine Soziomatrix (s. S. 44), dann in ein Soziogramm übertragen.

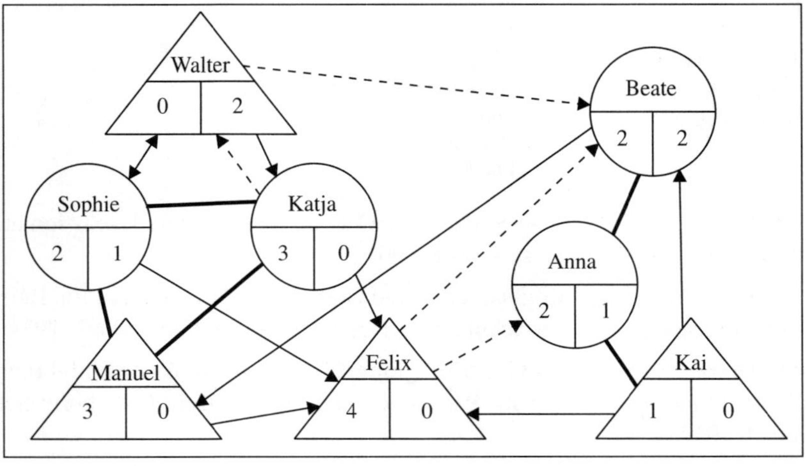

In der Soziometrie unterscheidet man *fünf Grundformen* von Gruppenstrukturen.

Stern

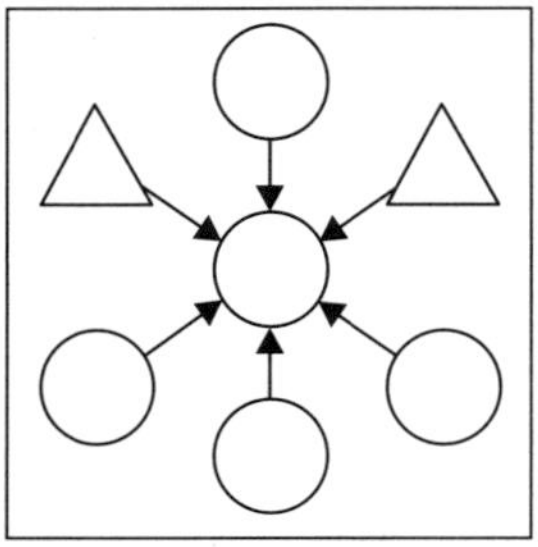

Ein Gruppenmitglied erhält von vielen anderen Gruppenmitgliedern eine positive Wahl.

Igel

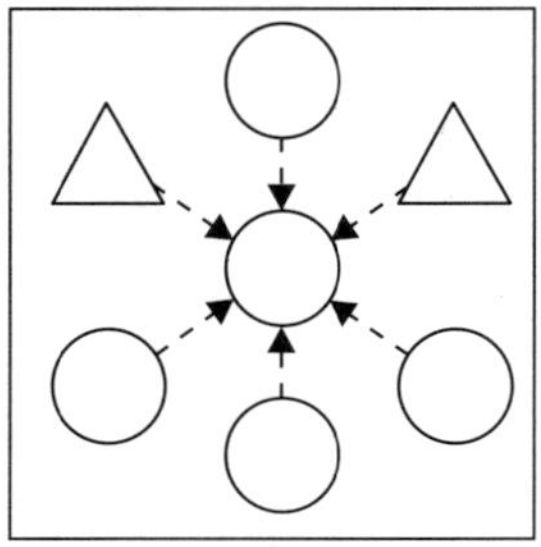

Ein Gruppenmitglied erhält von vielen anderen Gruppenmitgliedern eine negative Wahl.

Paar

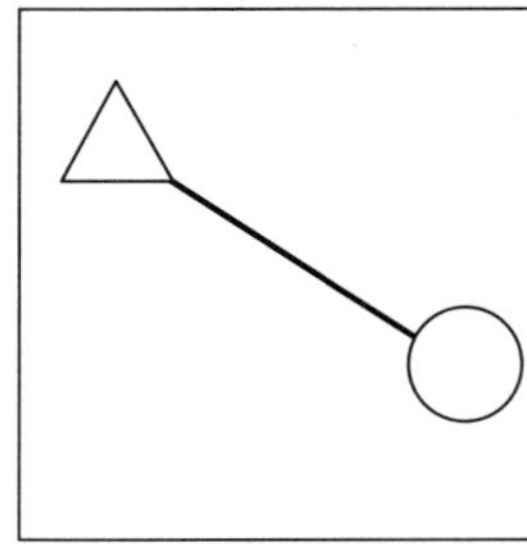

Zwei Gruppenmitglieder wählen sich gegenseitig (Zuneigung).

Dreieck

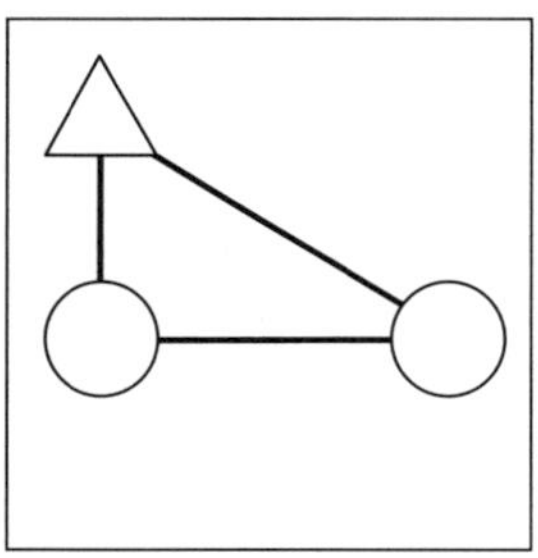

Drei Gruppenmitglieder wählen sich gegenseitig (Zuneigung).

Kette

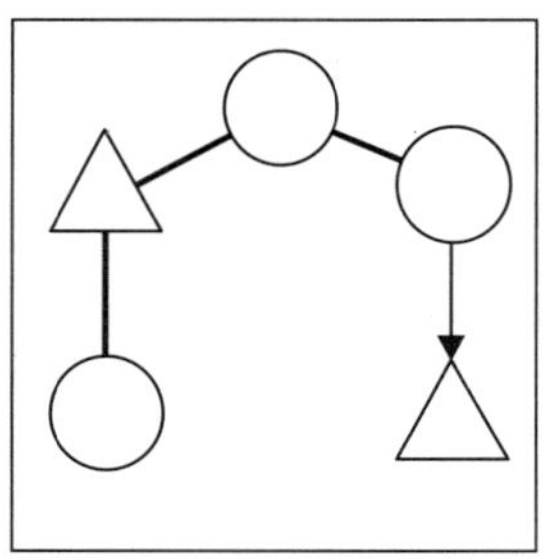

Mehrere Gruppenmitglieder sind miteinander durch einfache oder gegenseitige positive Wahlen verbunden.

MORENO, J. L.: Who Shall Survive? (1934); dt.: Grundlagen der Soziometrie. Köln, Opladen: Westdeutscher Vlg. 1967 (2. Aufl.)

BRÜGGEN, GERHARD: Möglichkeiten und Grenzen der Soziometrie. Ein Beitrag zur Gruppendynamik der Schulklasse. Neuwied, Berlin: Luchterhand 1974

OSWALD, WOLF D.: Grundkurs Soziogramm. Eine programmierte Einführung in Technik und Auswertung für Pädagogen und Psychologen. Paderborn: Schöningh 1977 (= UTB 672)

2. Das Kommunikations-Diagramm

Das Kommunikations-Diagramm stammt aus dem Bereich der Organisationslehre und dient dazu, die Kommunikation (Art, Häufigkeit, Dauer usw.) zwischen verschiedenen Stellen, Gruppen, Abteilungen usw. einer Organisation darzustellen.

Wie erstellt man ein Kommunikations-Diagramm?

1. Zunächst wird mit Hilfe so genannter **Kommunikations-Tabellen** oder **-Matrizen** der Ist-Zustand analysiert. Das heißt alle Personen einer Organisation geben Auskunft darüber, wie lange und in welcher Form sie mit welchen anderen Personen der Organisation kommunizierten.
2. Das Ergebnis der Auswertung aller Kommunikations-Tabellen wird dann entweder in ein **dreiecksförmiges**, ein **netzförmiges** oder in ein **kreisförmiges Diagramm** übertragen.

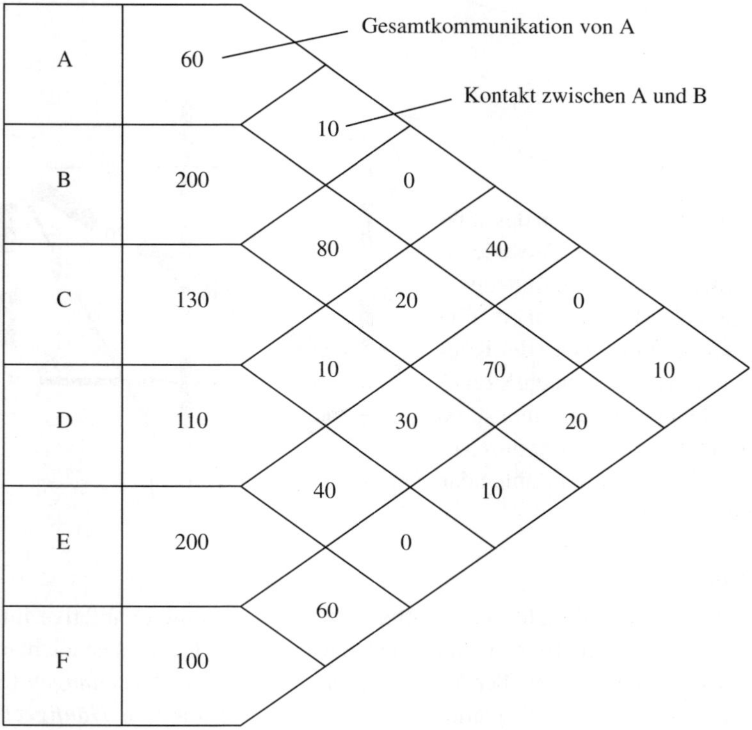

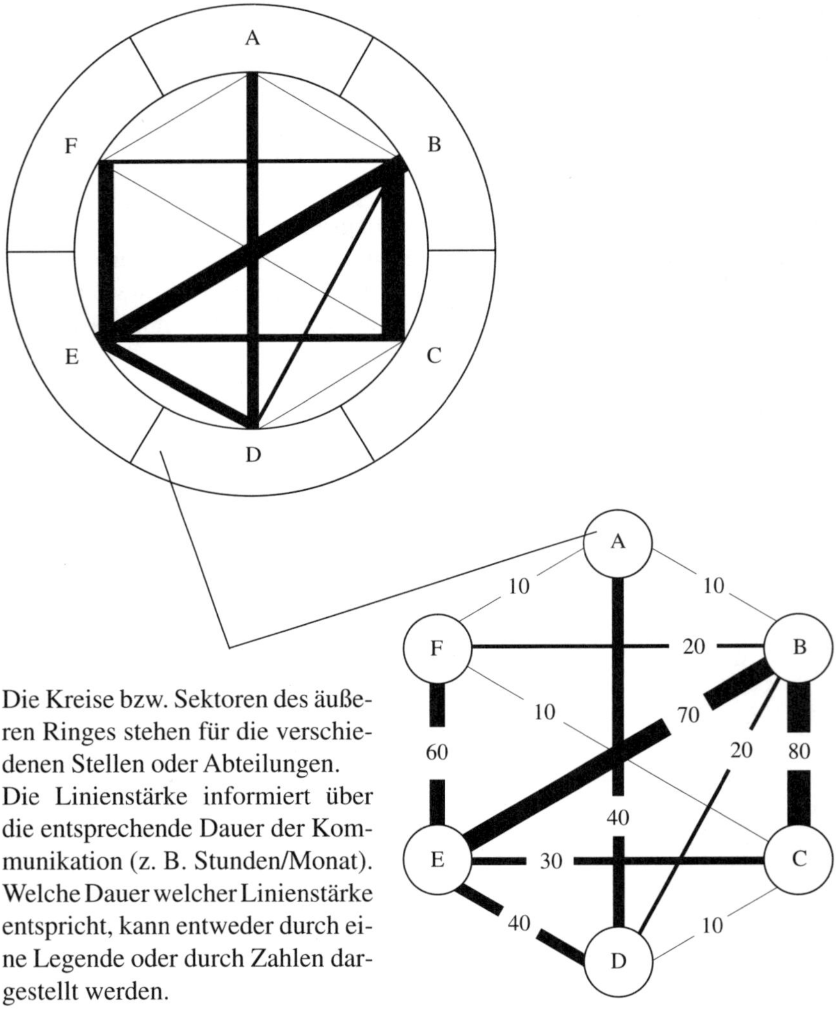

Die Kreise bzw. Sektoren des äußeren Ringes stehen für die verschiedenen Stellen oder Abteilungen. Die Linienstärke informiert über die entsprechende Dauer der Kommunikation (z. B. Stunden/Monat). Welche Dauer welcher Linienstärke entspricht, kann entweder durch eine Legende oder durch Zahlen dargestellt werden.

Nachwort

Beide Verfahren sind nicht unumstritten, besonders was die qualitative Interpretation ihrer quantitativ gewonnenen Daten anbelangt. Denn es ist leicht einzusehen, dass aufgrund bloßer *Sympathie- und Antipathie-Bekundungen* (Soziogramm) bzw. aufgrund qualitativ unbestimmter Interaktions-*Häufigkeiten* (Kommunikations-Diagramm) nur mit größter Vorsicht Aussagen über die Qualität von Gruppenstrukturen zu treffen sind.

2.2 Abläufe visualisieren

Im Folgenden möchte ich nur eines der gebräuchlichsten – fach- und gegenstandsunspezifischen – Verfahren zur Visualisierung von Abläufen vorstellen: das *Flussdiagramm*; heute auch unter dem englischen Begriff „Flowchart" bekannt.
Abschließend verweise ich auf Literatur, die sich mit speziellen Verfahren der Visualisierung von Abläufen befasst, insbesondere mit der im Projektmanagement verwendeten *Netzplantechnik.*

Flussdiagramm

Das Flussdiagramm ist ein Instrument zur Darstellung geistiger oder praktischer Handlungs*abläufe* (z. B. Ableitungen, Versuchsanleitungen, Gebrauchsanweisungen, grammatikalische Regeln, Vorschriften, Gesetze, Beschreibung von Programm-Abläufen).

Flussdiagramme sind für den „Produzenten" wie für den „Konsumenten" außerordentlich hilfreich. Sie erleichtern dem „Konsumenten" das Verständnis und beschleunigen deshalb in aller Regel auch den Nachvollzug des dargestellten Ablaufs. Ihre Erstellung stellen für den „Produzenten" eine gute Möglichkeit dar, die Folgerichtigkeit und Lückenlosigkeit des zu vermittelnden Handlungsablaufs zu überprüfen.

Wie erstellt man ein Flussdiagramm?

Flussdiagramme bestehen aus **fünf Grundbausteinen**:

1. Ein an beiden Seiten **kreisförmig geschlossenes Rechteck** symbolisiert den Anfang und das Ende eines Flussdiagramms; ein Flussdiagramm hat immer nur einen Anfang, es kann aber mehrere Enden haben.

(1) 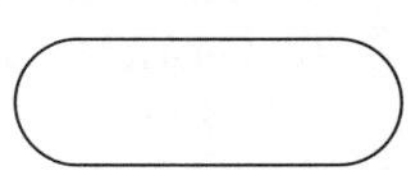

2. Ein **rautenförmiges Symbol** charakterisiert Entscheidungen. Ein Entscheidungsfeld hat immer nur einen Eingang, aber mindestens zwei Ausgänge (meistens „Ja/Nein"). Es kann mehr als zwei Ausgänge haben, wenn die Entscheidungsfrage weitere Antwortmöglichkeiten zulässt.

(2) 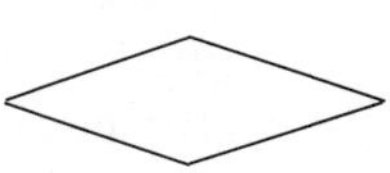

3. Ein **Rechteck** oder ein **Quadrat** kennzeichnet Tätigkeiten; ein Tätigkeitsfeld kann immer nur einen Eingang, aber mehrere Ausgänge haben.

(3) 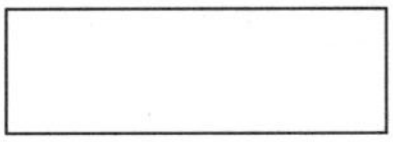

4. Ein **Kreis** bezeichnet einen Anschlusspunkt, der immer dann verwendet wird, wenn der Handlungsablauf zwar weitergeht, aber aus Platzgründen oder aus Gründen der Übersichtlichkeit nicht mehr dargestellt werden kann. In den Kreis wird ein Buchstabe oder eine Ziffer gesetzt, der/die bei der Fortsetzung des Flussdiagramms wieder aufgenommen wird.

(4) 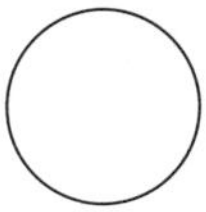

5. Ein **Pfeil** stellt die Richtung des Handlungsablaufes dar.

(5) 

Drei Beispiele:

1. Der folgende Text befasst sich mit der Frage der Funktion des Folien-Einsatzes im Unterricht; anschließend erfolgt die Übertragung des Textes in ein Flussdiagramm.

„Im Zeitalter der Textverarbeitungen bieten sich für PC-Nutzer neue Möglichkeiten der Textausrichtung, der Gestaltung des Satzspiegels. Konnte die Schreibmaschine nur eine linksbündige Ausrichtung („Flattersatz") bieten, so benutzen die meisten PC-Nutzer heute die Ausrichtungsmöglichkeit der Textverarbeitung: den Blocksatz, d. h. die links- und rechtsbündige Ausrichtung des Textes. Diese Entscheidung ist allerdings nicht immer angemessen. Die Entscheidung für die Wahl der links- oder der links- und rechtsbündigen Textausrichtung sollte sich an der benutzten Schriftproportion (hier ist nur die Unterscheidung zwischen proportionalen und nicht-proportionalen Schriftarten interessant), der Spaltenzahl des Seitenlayouts und freilich dem Verwendungszweck des Textes orientieren. Bei proportionalen Schriften sollte man den Blocksatz wählen, denn er garantiert ein ruhiges und ausgeglichenes Schriftbild. Dies gilt allerdings nicht bei nicht proportionalen Schriften wie zum Beispiel bei der Schriftart „Courier". Hier kann der Blocksatz zu einem zerrissenen Schriftbild führen. Ein Brief mit linksbündiger Ausrichtung wirkt persönlicher und entspricht auch heute noch den üblichen Formatierungsgewohnheiten. Bei Texten mit einem Seitenlayout, in dem mehr als zwei Spalten vorgesehen sind, ist es ebenfalls ratsam, linksbündig zu formatieren. Das gilt sowohl für proportionale wie für nicht proportionale Schriften, besonders, wenn sie die Schriftgröße 10 Punkt überschreiten."

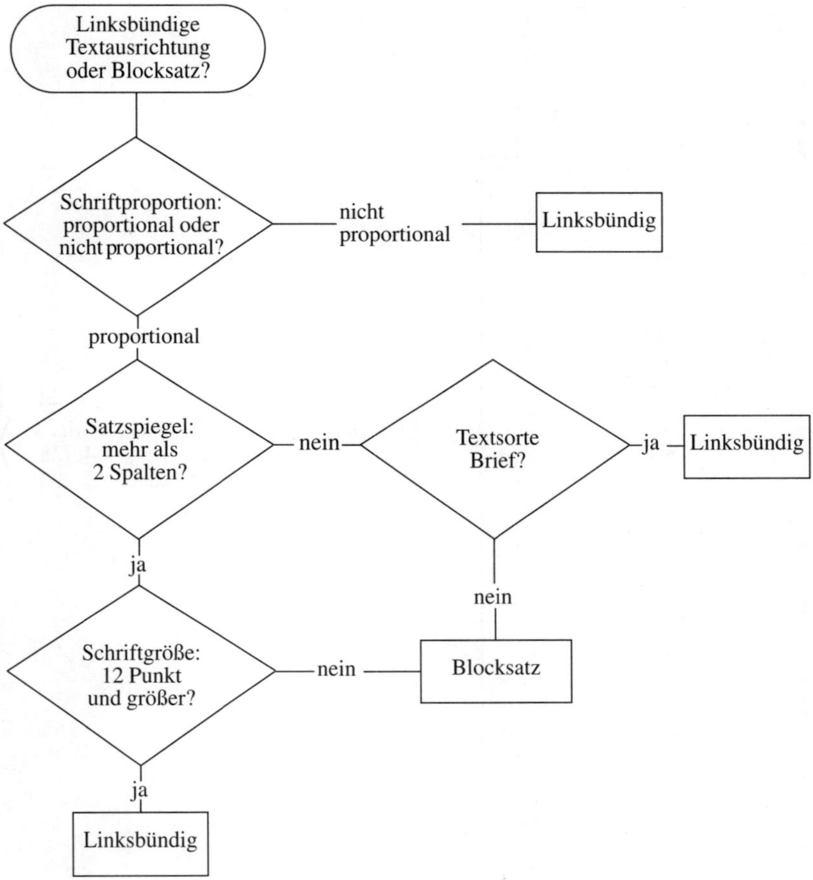

2. Das folgende, nur als Ausschnitt wiedergegebene, Flussdiagramm entstammt dem Artikel: UNGER, WERNER: Algorithmen im Zivilrecht. Zum Beispiel: Das AGBG. Datenverarbeitung im Recht 6, 1977, 3/4 (Sonderdruck).
   Das Gesetz zur Regelung des Rechts der Allgemeinen Geschäftsbedingungen war nach Auskunft UNGERS als klärendes Wort des Gesetzgebers zum Schutze des rechtsunkundigen Verbrauchers gedacht, bringt aber allenfalls Klärung für Juristen. UNGER sieht in seiner Darstellung (als Flussdiagramm) eine „Art Ariadnefaden im Gesetzeslabyrinth“, das Laien wie auch Praktikern als Hilfsmittel dienen kann, ein konkretes Rechtsproblem zu bearbeiten.

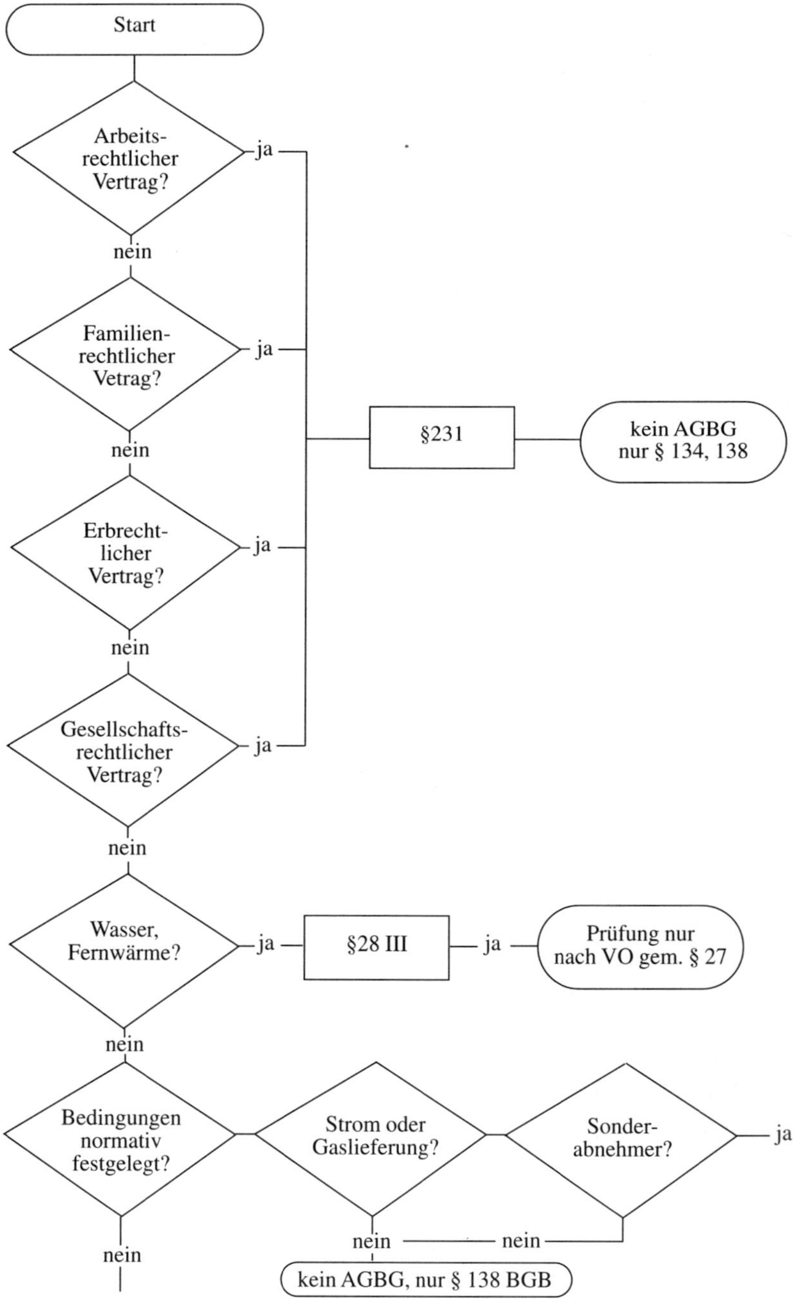
Start
Arbeits-
rechtlicher
Vertrag?
ja
nein
Familien-
rechtlicher
Vetrag?
ja
nein
§231
kein AGBG
nur § 134, 138
Erbrecht-
licher
Vertrag?
ja
nein
Gesellschafts-
rechtlicher
Vertrag?
ja
nein
Wasser,
Fernwärme?
ja
§28 III
ja
Prüfung nur
nach VO gem. § 27
nein
Bedingungen
normativ
festgelegt?
Strom oder
Gaslieferung?
Sonder-
abnehmer?
ja
nein
nein
kein AGBG, nur § 138 BGB
nein

3. Das dritte Beispiel ist Teil eines Vortragsmanuskript aus meinen Visualisierungskursen zum Thema „Zum Zusammenspiel von OH-Folie und Vorlesungsskript in der Vorlesung“. Es geht in diesem Teil um die Frage, welche Funktionen eine OH-Folie für den Dozenten (D) und die Lernenden (L) jeweils haben könnte.

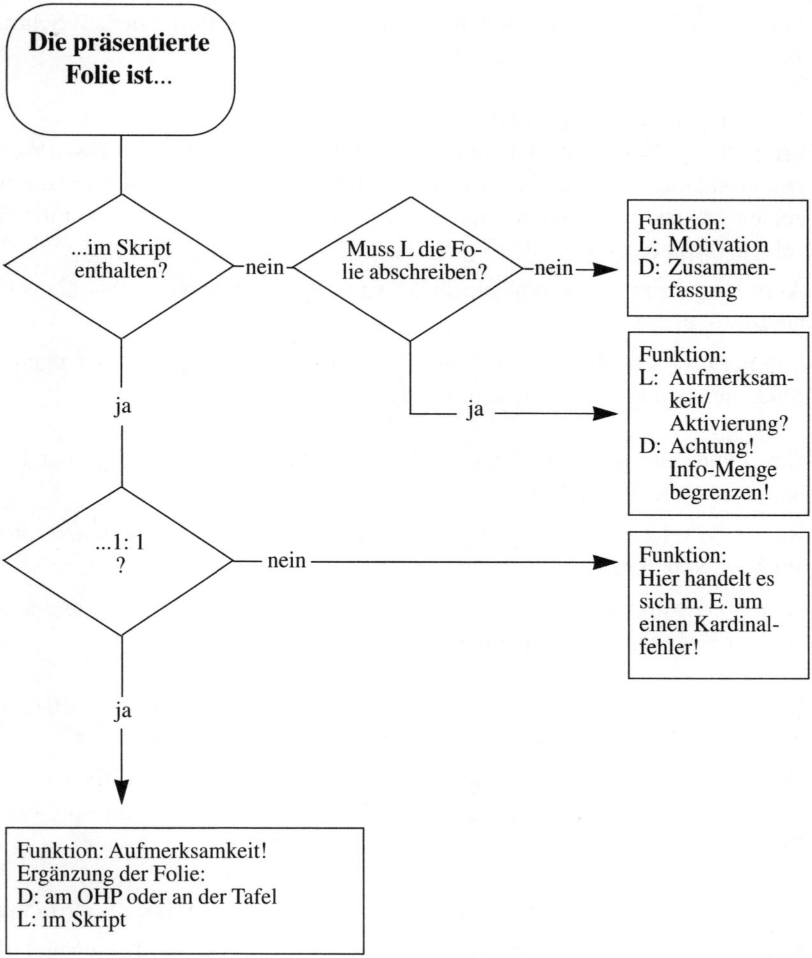

Literaturhinweise zu speziellen Viualisierungs-Techniken (insbesondere Netzplantechnik)

Eine sehr umfangreiche und instruktive Zusammenstellung von Visualisierungs-Verfahren zur Darstellung von Abläufen und Strukturen (vor allem in der Unternehmensorganisation) bietet:

Schmidt, Götz: Methode und Techniken der Organisation. Gießen: Schmidt 1983

Zum Thema „Netzplantechnik":
Mit Hilfe der Netzplantechnik können komplexe (in der Regel Arbeits-)Prozesse und Abläufe (Struktur, Zeit, Kosten, Mittel) geplant und gesteuert und die einzelnen Arbeitsschritte koordiniert werden. Einen guten Überblick über die einzelnen Verfahren geben:

Altrogge, Günter: Netzplantechnik. München: Oldenbourg 1994 (2. vollst. neubearb. u. erw. Aufl.)

Reichert, Oskar: Netzplantechnik. Grundlagen, Aufgaben und Lösungen für Studenten und Praktiker. Braunschweig: Vieweg 1994

Eine Fundgrube an Anregungen für die Visualisierung von Strukturen und Abläufen sind die beiden Bände:

Bowman, William J.: Graphic Communication. New York, London, Sydney: Wiley & Sons 1968

Herdeg, Walter (Hg.): Graphis Diagrams. Die graphische Visualisierung abstrakter Gegebenheiten. Zürich: Graphis Press 1981

Visualisierungs-Verfahren, die sich speziell auf die Beteiligung zukünftiger Anwender in EDV-Projekten beziehen, stellt knapp und übersichtlich dar:

Bösterling, Burkhard: Visualisierung: EDV-Landschaften kreativ gestalten. Ein kleines Handbuch zur Unterstützung der Arbeit in Beteiligungsprojekten. Frankfurt am Main: Courier 1994

Außerordentlich instruktiv und deshalb sehr empfehlenswert ist die Broschüre:

Ballstaedt, Steffen-Peter; Didaktisches Design für Charts. Tübingen: DIFF 1996

2.3 Kreativ visualisieren: Denk- und Diskussionsarbeit visualisieren

Ich möchte im Folgenden drei Visualisierungsverfahren vorstellen, in deren Mittelpunkt das kreative Gestalten (zumeist in der Gruppe) steht.

Moderationsmethode

Die Moderationsmethode ist heute vor allem in der unternehmensbezogenen Bildungsarbeit weit verbreitet, dagegen immer noch wenig an Schulen, Volkshochschulen und Hochschulen. Das mag daran liegen, dass es nicht einfach ist, kompetent zu moderieren, das mag aber nicht zuletzt auch daran liegen, dass die Methode reichlich kostenträchtige Materialanforderungen an ihre Nutzer stellt, zumindest dann, wenn man auf das Materialangebot der einschlägigen Vertreiber zurückgreift.

Was ist die Moderationsmethode?

Die Moderationsmethode (auch „Pinnwandtechnik" genannt) ist ein Visualisierungs-Verfahren, das Ende der sechziger Jahre in Deutschland entwickelt wurde. Es würde zu viel Raum beanspruchen, die Methode und ihre vielfältigen Anwendungsmöglichkeiten vorzustellen. Ich beschränke mich daher auf eine kurze Beschreibung und verweise auf einige – meines Erachtens instruktive und somit empfehlenswerte – Spezialpublikationen.
Die Moderationsmethode verbindet *gruppendynamische* und *Visualisierungs-Regeln* miteinander, die sich auf folgende Bereiche beziehen: **Gruppenarbeit** (Welche räumlichen Voraussetzungen müssen gegeben sein und welche Regeln bestimmen die Gruppenarbeit?), **Visualisierung** (Mit welchen Materialien wird visualisiert und welche Darstellungsformen werden angewandt?), **Moderation** (Worin besteht die Aufgabe des Moderators?).
Ziel der Methode ist es, die Teilnehmer dazu anzuleiten, Inhalte, Probleme, Diskussionspunkte, Aufgaben, Themen usw. selbstständig, im Wechsel von Plenums- und Kleingruppen-Arbeit, mit Hilfe visualisierender Techniken und unter Einhaltung bestimmter Spielregeln zu bearbeiten (d. h. schriftlich-visualisierend zu diskutieren). Sie will – so einer der „Erfinder" dieser Methode – vor allem die Zusammenarbeit der Gruppe gegenüber einem klassisch geleiteten Gespräch verbessern (SCHNELLE 1991, S. 275). Die Gruppe wird dabei in ihrem Bemühen von einem oder mehreren Moderatoren unterstützt.
Das klingt alles recht knapp und einfach und das ist es auch, was die beiden ersten Punkte – Gruppenarbeit und Visualisierung – anbelangt. Mit dem dritten Punkt, der Fähigkeit, eine Gruppe zu moderieren, ist es allerdings nicht so ein-

fach. Denn die Handhabung der Visualisierungsregeln ist ungleich leichter zu erlernen als die Fähigkeit, aus der Lehrer- oder Leiterrolle heraus- und in die Rolle des behutsamen Vermittlers und Förderers der Gruppe hineinzuschlüpfen. Denn „moderieren" heißt: gemäßigt sein, mäßigend wirken, maßvoll Maßstäbe setzen; etwas präziser ausgedrückt: Spannungen in der Gruppe abzubauen, Teilnehmer vor persönlichen Angriffen anderer Teilnehmer zu schützen, Impulse zu geben, die Kreativität der Gruppe zu fördern, auf die Einhaltung des Zeitplans zu achten, Zwischenergebnisse zusammenzufassen u. a. m. Dies mag auch ein Grund dafür sein, warum in Bildungseinrichtungen mit traditionell frontaler Unterrichtsweise sich diese Methode nur so langsam, wenn überhaupt durchsetzt.

Wann eignet sich der Einsatz der Moderationsmethode?

Das Verfahren ist geeignet, wenn es um das **Sammeln**, **Gruppieren** und **Bewerten** von **Ideen**, **Themen**, **Vorschlägen**, **Argumenten** usw. geht. Die Moderationsmethode ist keine Lehrmethode; sie eignet sich also nicht, um Informationen zu vermitteln.
Nun zu einigen Hinweisen zu den drei oben genannten Bereichen (Gruppenarbeit, Visualisierung und Moderation):

Der Bereich „Gruppenarbeit"

Für die Anwendung der Moderationsmethode sind bestimmte **räumlich-organisatorische Voraussetzungen** notwendig. Zu diesen Voraussetzungen gehören Räume mit beweglichem Mobiliar und nach Möglichkeit mehrere, mindestens jedoch zwei bewegliche Pinnwände. An der Wand befestigte Pinntafeln sind auch – allerdings weniger gut – geeignet. Die Teilnehmer bearbeiten bestimmte Aufgaben, Probleme, Fragen usw. in Gruppen. Im Anschluss an die Gruppenarbeit werden die (visualisierten) Ergebnisse im Plenum präsentiert und diskutiert. Die Teilnehmer sind aufgefordert, bei der Gruppenarbeit alle Beiträge (Ideen, Argumente, Vorschläge usw.) schriftlich auf Karten festzuhalten und – je nach Art der Themenstellung – entsprechend anzuordnen. Sie sind weiterhin aufgefordert, sich bei der Gruppenarbeit an folgende **„Spielregeln"** zu halten:
Die **„30 Sekunden-Regel"** besagt: Jeder Teilnehmer soll sich auf das Wesentliche konzentrieren (Redezeitbeschränkung auf 30 Sekunden); es darf immer nur eine Person reden.
Die **„Chairman-Regel"** besagt: Jeder ist für den Arbeitsverlauf in der Gruppe mitverantwortlich.
Die **„Butler-Regel"** besagt: Jeder hilft jedem. Dies bezieht sich insbesondere auf die wechselseitige Arbeitsteilung in den Gruppen zwischen „Denkern" und „Visualisierern".

Und schließlich gilt: **Alles wird visualisiert!**

Der Bereich „Visualisierung"
Die Visualisierung hat den Zweck, die Arbeits- und Gesprächsergebnisse für alle Teilnehmer sichtbar festzuhalten. Im Einzelnen geht es darum:
- den Zugriff auf erarbeitetes Material zu erleichtern,
- den Umfang des Materials deutlich zu machen,
- an die Bedeutung einzelner Punkte zu erinnern,
- die Material-Fülle zu gliedern,
- die Einprägsamkeit zu verbessern,
- Beziehungen sichtbar zu machen und schließlich
- Assoziationen auszulösen.

Visualisiert wird mit **Großmaterialien** wie Stellwänden und Flip-Chart-Ständern und **Kleinmaterialien** wie Karten unterschiedlicher Farbe und Form, Klebepunkten, Filzstiften, Packpapier (siehe Abbildung).

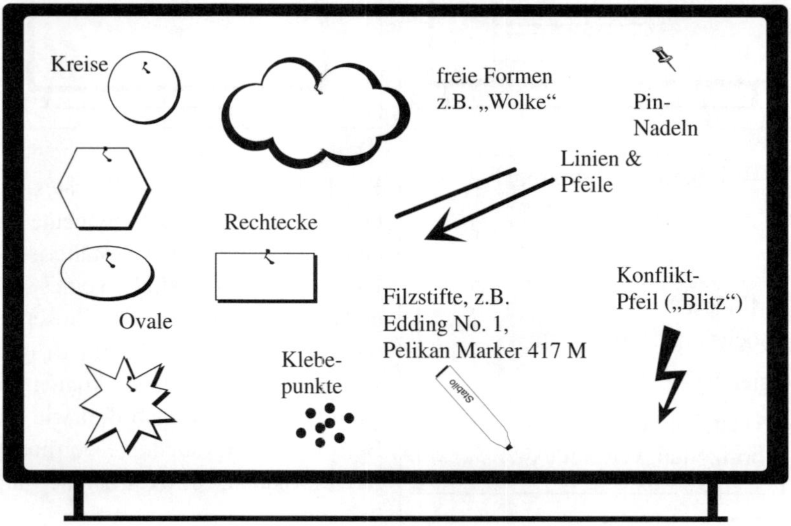

In aller Regel sind die Ergebnisse von Moderations-Sitzungen an Pinnwänden befestigte Plakate. Die Gruppe sollte sich bemühen, möglichst *aussagekräftige visuelle* **Kompositionen** zu entwerfen, d. h. es sollten Gestaltungsaspekte wie Rhythmus, Reihung, Dynamik beachtet werden.

Kompositionsregel „Rhythmus“

Wechselnde Anordnung gleicher Elemente;
Gleiche Anordnung wechselnder Elemente

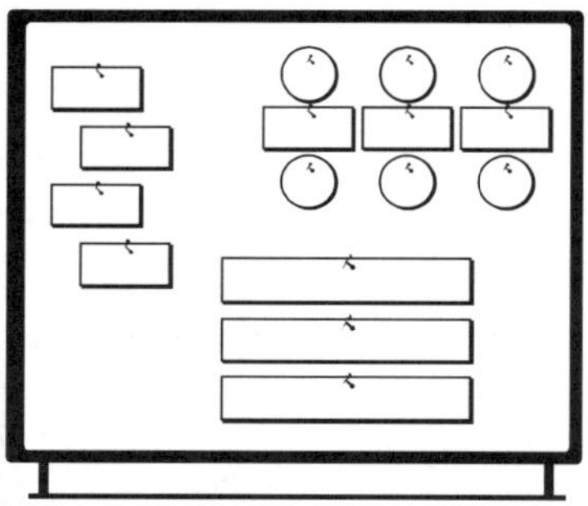

Kompositionsregel „Dynamik“

Es gibt keine Patent-Rezepte!
Ausgedrückt werden sollen:

- Bewegung
- Widerspruch
- Konflikt
- Entwicklung
- Wirkung

usw.

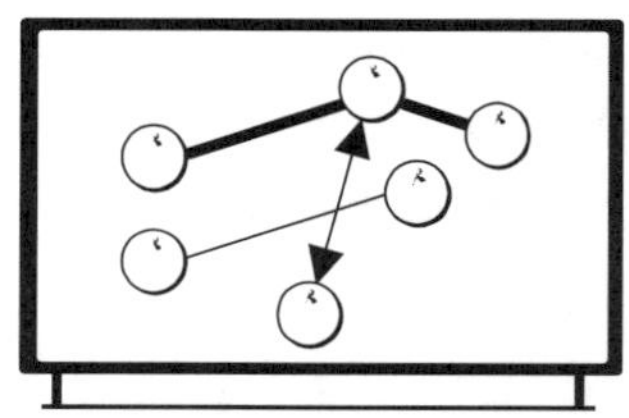

Kompositionsregel „Reihung“

Mindestens 3,
höchstens 10 Elemente

gleiche Abstände

erkennbare Richtung
(horizontal, vertikal usw.)

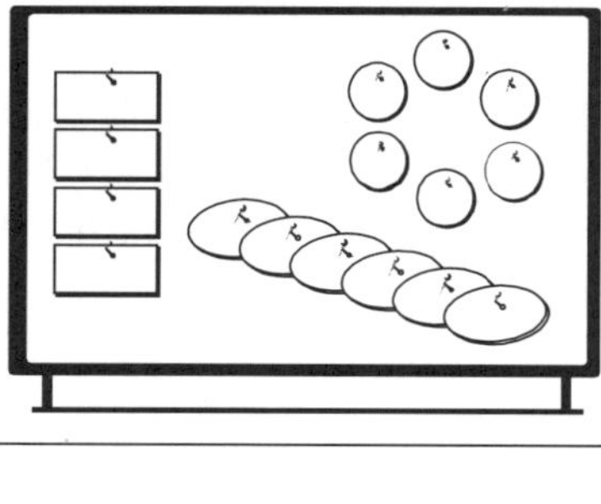

Bei der Gestaltung eines Plakates, d. h. bei der Anordnung der Elemente sind den Anwendern keine gestalterischen Grenzen gesetzt. Lediglich eines sollte gewährleistet bleiben: Die Präsentation sollte von den Teilnehmern nachvollziehbar sein! Dabei können bestimmte **Darstellungshilfen** wie zum Beispiel Listen, Tabellen, Koordinaten, Netze, Skalen, Strukturbäume nützlich sein.

Darstellungshilfe „Bäume“

Abbildung von:
- Hierarchien
- Abhängigkeiten
- Ebenen
- Zuordnungen

usw.

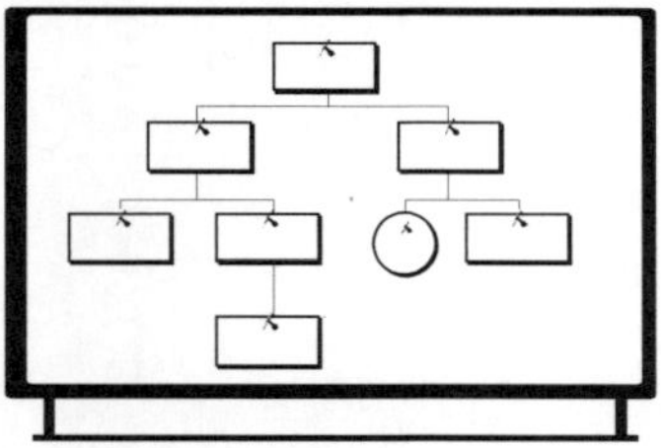

Darstellungshilfe „Netze“

Abbildung von:
- Beziehungs-Gefügen
- Abhängigkeiten
- Verflechtungen
- Ursache-Wirkungs-Zusammenhängen

usw.

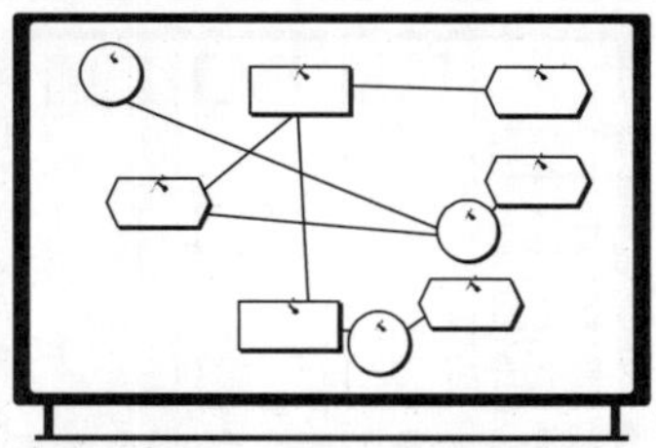

Darstellungshilfe „Koordinaten“

Abfragen und Darstellen von:
- Meinungen und
- der Korrelation von Einschätzungen

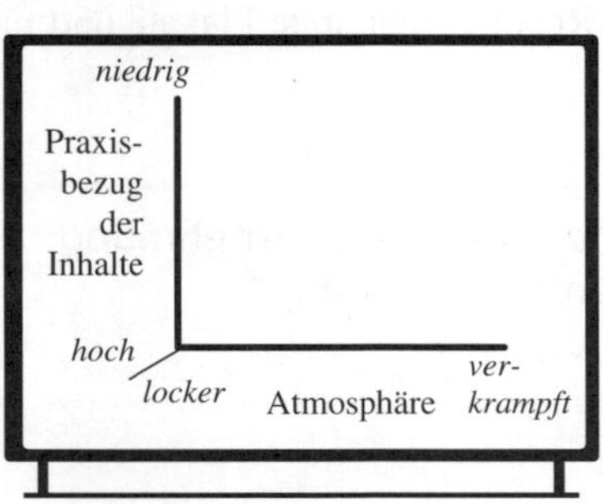

Darstellungshilfe „Skalen“

Abfragen und Darstellen von Meinungen:
erkennbar:
- Mittelwert
- Ausmaß der Streuung

auszudrücken durch:
- absolute oder relative Zahlen
- qualitative Begriffe

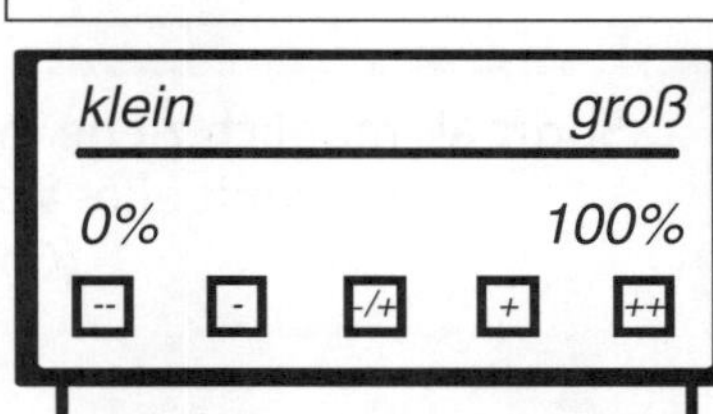

Darstellungshilfe „Tabelle“

Zweidimensionale Liste
(Spalten und Zeilen)
geeignet, um
- Zusammenhänge
- Verbindungen
- Beziehungen
usw. transpararent machen

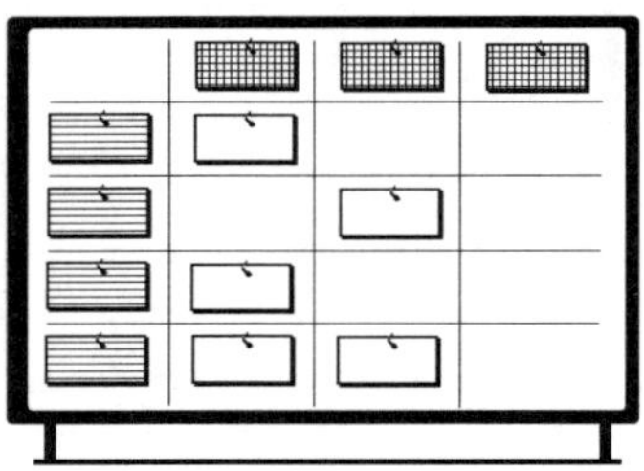

Der Bereich „Moderation“

Die **Rolle des „Dozenten“** ist die eines **Moderators**, d. h. er unterstützt die Gruppe bei der Bearbeitung ihrer Themen, Probleme, Inhalte usw. Dies verlangt die Fähigkeiten, „... zuzuhören, wer, wann was sagt und was das für die Gruppe bedeutet; die Gruppe und ihre Entwicklung wichtig zu nehmen und nicht sich selbst; den Zwang, sich produzieren zu müssen, vor der Gruppe zu glänzen, sein zu lassen.“ (KLEBERT, SCHRADER, STRAUB 1984, S. II/6) und die Gruppe durch „gute“ Fragen in ihrer Arbeit, ihrer Diskussion usw. voranzubringen.
Bei der Unterstützung der Gruppe bedient sich der Moderator so genannter **„Antwort-Techniken“**. Das sind in aller Regel vorbereitete Plakate und Fragen, die die Gruppe aktivieren sollen.

„Sooft als möglich ziehe man die sinnliche Wahrnehmung zu, damit alles sich leichter einprägt ...“
(Comenius)

Antwort-Technik	**Wofür?**	**Wie?**	**Wie lange?**
Ein-Punkt-Frage	erfragen von - Haltungen - Schätzungen - Stimmungen - Erwartungen - Meinungen usw.	- gleitende Skala - gestufte Skala - Koordinaten-feld	ca. 3 Minuten
Mehr-Punkt-Frage	festlegen von - Reihenfolgen - Prioritäten usw.	- Liste - Polaritäts-Skala	ca. 10 Minuten
Zuruf-Frage	sammeln von - Problemen - Lösungen - Themen/Ideen usw.	Plakat in zwei Spalten teilen	ca. 10 Minuten
Karten-Abfrage	anonymes Erfragen und Sortieren von - Erwartungen - Themen usw.	Klumpen-(Cluster-)Bildung	ca. 30 Minuten

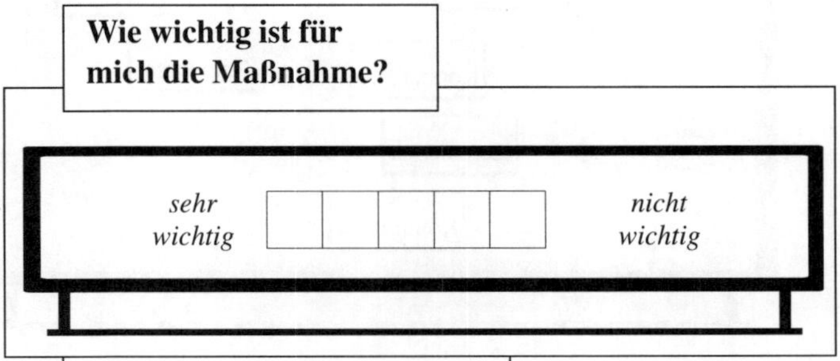

Ein-Punkt-Frage

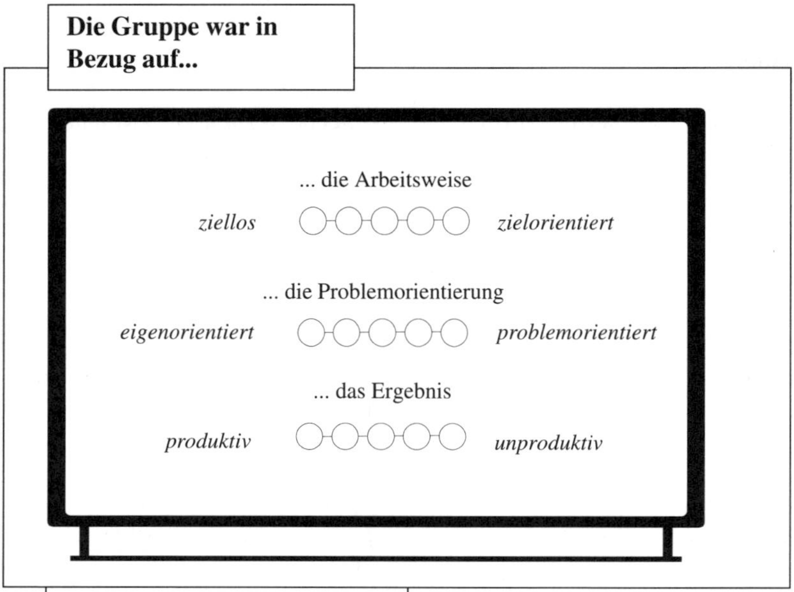

Mehr-Punkt-Frage

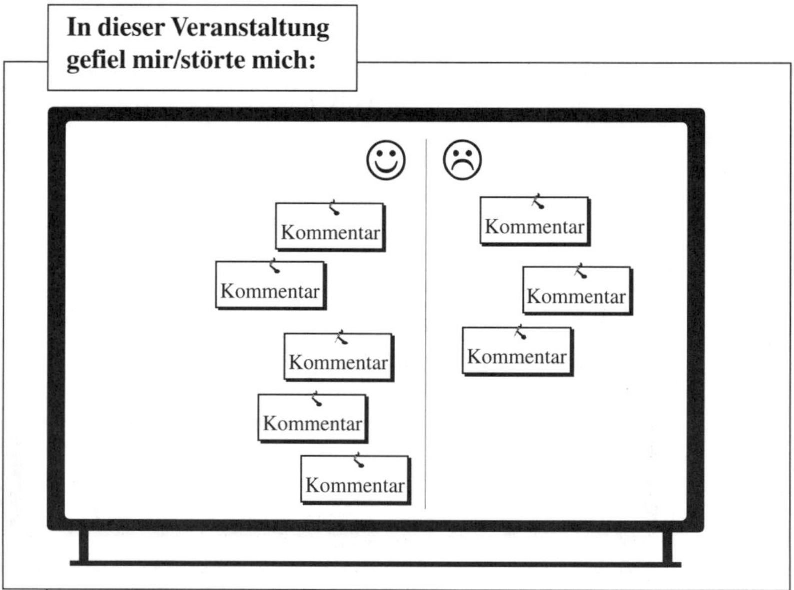

Kartenabfrage

Ein Beispiel:

Ich möchte die Anwendung einiger Visualisierungsaspekte der Moderationsmethode am Beispiel eines Seminars veranschaulichen, das ich mit einem Kollegen 1995 mit Fachhochschullehrern zum Thema „Lehren und Lernen an der Fachhochschule im Jahre 2002“ durchgeführt habe. Die 15 Teilnehmer wurden in zwei Arbeitsgruppen aufgeteilt. Zunächst ging es darum, den gegenwärtigen Zustand des Lehrens und Lernens einer Kritik zu unterziehen.

1. Mit Hilfe einer **Kartenabfrage** sollten die Teilnehmer innerhalb von 30 Minuten Kritikpunkte des Status quo zusammentragen. Jeder Gruppe standen die entsprechenden Materialien (Pinnwände, Kärtchen usw.) zur Verfügung. Hier sollen nur die Ergebnisse *einer* Gruppe vorgestellt werden. Die Gruppe produzierte innerhalb der vorgegebenen Zeit insgesamt 63 Kärtchen, die zunächst ungeordnet an zwei Pinnwänden hingen.
2. Im zweiten Schritt sollten die Teilnehmer versuchen, Oberbegriffe zu finden, die es ermöglichen, die Vielzahl der Kärtchen zu strukturieren, also Kritik-Gruppen zu bilden (in der Sprache der Methode spricht man bei diesem Vorgang von **„Clusterbildung“**). Für diese Aufgabe hatten die Gruppen 1,5 Stunden Zeit. Das Ergebnis der einen Gruppe waren drei Pinnwände, auf denen jeweils ein Oberbegriff stand, der einmal in fünf, zweimal in drei Unterbegriffe unterteilt war. Diesen Unterbegriffen waren die Kärtchen zugeordnet. Von den drei Kritik-Gruppen „Neue Aspekte des Lehrens und Lernens“, „Breite der Ausbildung“ und „Aktivierung der Studierenden“ möchte ich hier nur die Pinnwand zum letzten Aspekt vorstellen.
3. Die Gruppen sollten sich nach ihrer kritischen Bestandsaufnahme mit der Frage nach der Veränderung beschäftigen. Es war aber aus Zeitgründen nicht möglich, alle Kritik-Gruppen zu bearbeiten. Deshalb wurden die Gruppenmitglieder im dritten Schritt aufgefordert, das Verfahren der **Ein-Punkt-Frage** anzuwenden. Es sollte jene Kritik-Gruppe mit einem Punkt versehen werden, die nach Auffassung der Gruppenmitglieder in der Folgezeit unbedingt bearbeitet werden sollte. Jedem Gruppenmitglied standen sechs Klebepunkte zur Verfügung, die es nach Belieben auf die Untergruppen verteilen konnte.

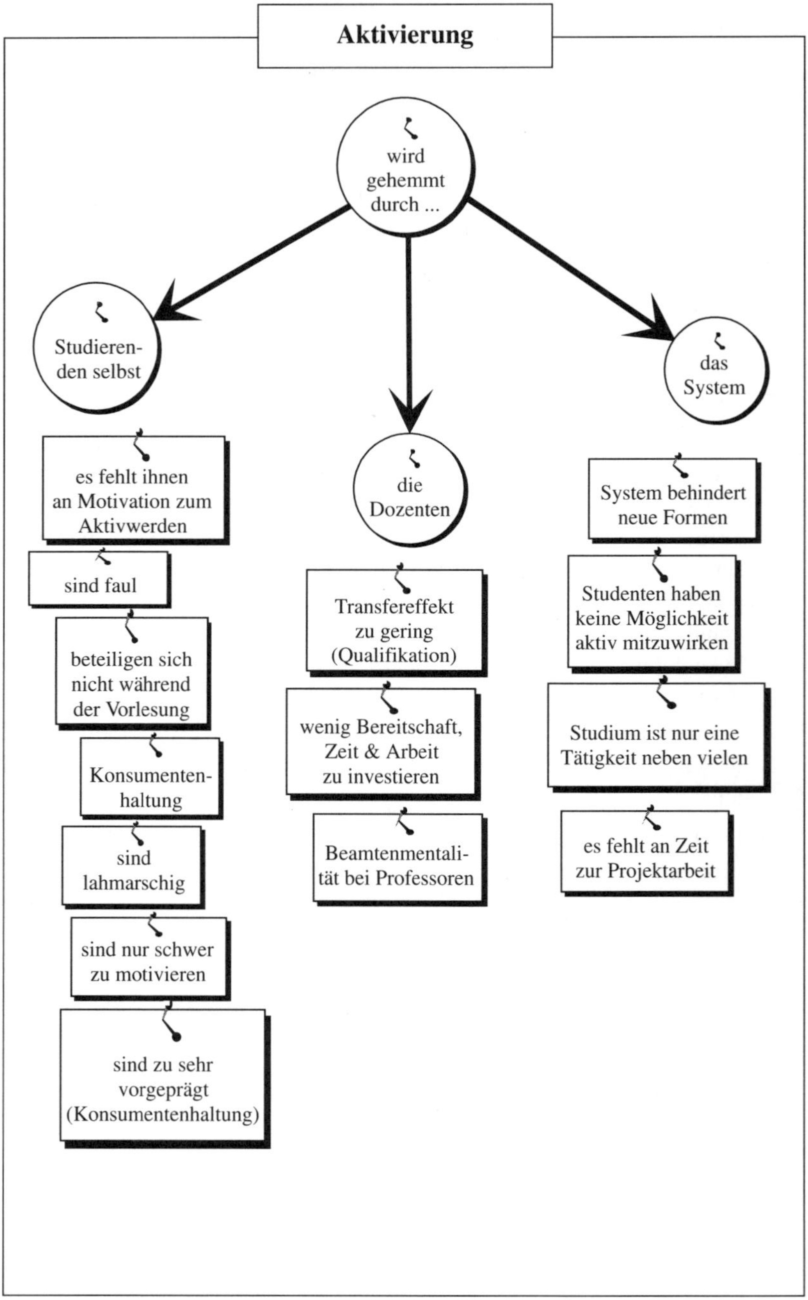
Aktivierung
wird gehemmt durch ...
Studierenden selbst
die Dozenten
das System
es fehlt ihnen an Motivation zum Aktivwerden
sind faul
beteiligen sich nicht während der Vorlesung
Konsumentenhaltung
sind lahmarschig
sind nur schwer zu motivieren
sind zu sehr vorgeprägt (Konsumentenhaltung)
Transfereffekt zu gering (Qualifikation)
wenig Bereitschaft, Zeit & Arbeit zu investieren
Beamtenmentalität bei Professoren
System behindert neue Formen
Studenten haben keine Möglichkeit aktiv mitzuwirken
Studium ist nur eine Tätigkeit neben vielen
es fehlt an Zeit zur Projektarbeit

Abschließender Hinweis auf ein nützliches Gerät

Die Teilnehmer an Arbeitsgruppen, die sich über Stunden mit persönlich bedeutsamen Problemen beschäftigt haben, sind natürlich daran interessiert, die Arbeitsergebnisse mit nach Hause zu nehmen. Wie kann man aber die in Form von Pinnwand-Plakaten vergegenständlichten Ergebnisse allen Teilnehmern zugänglich machen? Bis vor einiger Zeit gab es keine andere Möglichkeit als die der Mitschrift bzw. der Abschrift. Die Firma Casio hat einen Kopierer auf den Markt gebracht, der die auf Pinnwänden, Flip-Charts, Weißwand-Tafeln festgehaltenen Ergebnisse fotografiert und über einen integrierten Thermodrucker im DIN-A4-Breitformat ausgibt. Die Kopie kann dann mit einem normalen Fotokopierer vervielfältigt werden. Das ca. zwei Kilogramm schwere Gerät ist einfach zu handhaben, wird von allen Vertreiber-Firmen von Moderationsmaterial (z.B. Neuland, Nitor) angeboten und kostet derzeit ca. DM 1.600.

• *Ausführlich zum Thema:*

Klebert, Karin; Schrader, Einhard; Straub, Walter G.: KurzModeration. Anwendung der ModerationsMethode in Betrieb, Schule und Hochschule, Kirche, Politik, Sozialbereich und Familie bei Besprechungen und Präsentationen. Hamburg: Windmühle 1985

Klebert, Karin; Schrader, Einhard; Straub, Walter G.: ModerationsMethode. Gestaltung der Meinungs- und Willensbildung in Gruppen, die miteinander lernen und leben, arbeiten und spielen. 2. Aufl. Rimsting: Vlg. für Psychologie und Kommunikation 1984

Böning, Uwe: Moderieren mit System. Besprechungen effizient steuern. Wiesbaden: Gabler 1991

• *Speziell auf den Bereich „Schule" bezogen:*

Hefte 6/1995 und 12/1996 der Zeitschrift „Pädagogik".

Neuland, Michele: Schüler wollen lernen. Lebendiges Lernen mit der Neuland-Moderation. Eichenzell: Neuland 1995

Nissen, Peter; Iden, Uwe: Kurskorrektur Schule. Ein Handbuch zur Einführung der ModerationsMethode im System Schule für die Verbesserung der Kommunikation und des miteinander Lernens. Hamburg: Windmühle 1994

• *Speziell auf den Bereich „Hochschule" bezogen:*

Börkircher, Helmut: Moderation kommt von Mäßigung. Der Einsatz der Moderationstechnik in Problemlösungsprozessen. In: Handbuch Hochschullehre. Bonn: Raabe 1995, H 5.1, 1 - 22

• *Speziell auf den Bereich „Politische / gewerkschaftliche Bildungsarbeit" bezogen:*

BLUME, ANDREAS u.a.: Moderation als ein Mittel der Betriebsratsarbeit. o. O.: Ministerium für Arbeit, Gesundheit und Soziales (Mensch und Technik. Werkstattbericht 108)

„Mind Mapping"

„Mind Mapping" (der Begriff lässt sich am besten mit dem Wort „Gedanken-Landkarte" übersetzen) ist ein simples Verfahren, das der Brite Tony BUZAN 1974 vorgestellt hat. Es lässt sich anwenden,
- um einen **Text** visuell zu exzerpieren,
- den Verlauf einer **Diskussion** zu visualisieren,
- um **Ideen** zu entwickeln (als ein Brainwriting-Verfahren).

Wie erstellt man eine Mind-map?

Bei einer „Mind-map" beginnt man – im Unterschied zu traditionellen Aufzeichnungen – mit der **Zentralidee** (oder dem Zentral-Thema) in der **Mitte des Blattes**.

Um die Grundstruktur einer „Mind-map" sichtbar zu machen, werden die einzelnen **Gedanken** zu diesem Zentralthema auf **vom Zentrum ausgehenden Linien** geschrieben. Jeder neue Gedanke bedeutet eine neue Linie, die entweder vom Zentrum ausgeht (Ast) oder eine bereits bestehende Linie (Zweig) fortführt. Dabei sollte man möglichst nur **Stichworte**, **Schlüsselwörter** (keine Sätze) benutzen und diese in Druckschrift schreiben. Dies erleichtert das Nachlesen und die Auswertung zu einem späteren Zeitpunkt.

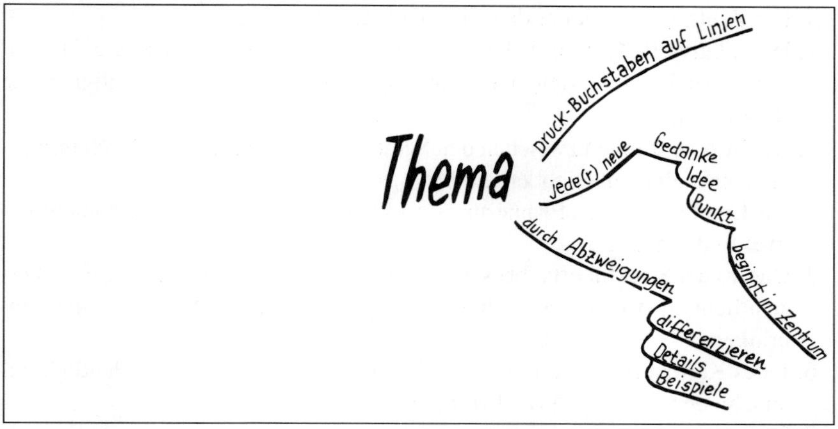

Wann immer es sich anbietet, sollten visuelle Darstellungsmittel benutzt werden; aber nicht nur **symbolische Zeichen**, wie zum Beispiel Pfeile, Symbole usw., sondern vor allem auch und noch dazu möglichst einprägsame **ikonische Zeichen**.

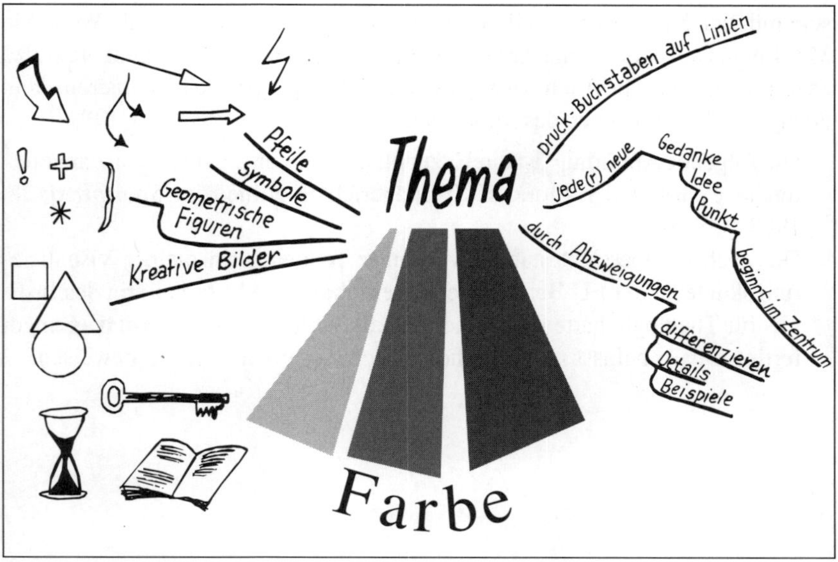

Worin bestehen die Vorteile der Technik?

BUZAN nennt:

„1. Die Zentral- oder Hauptidee wird deutlicher herausgestellt.
2. Die relative Bedeutung jeder Idee tritt sinnfälliger in Erscheinung. Wichtigere Ideen befinden sich in der Nähe des Zentrums, weniger wichtige in den Randzonen.
3. Die Verknüpfungen zwischen den Schlüsselbegriffen werden durch ihre Linienverbindungen leicht erkennbar.
4. Als Ergebnis werden Erinnerungsprozess und Wiederholungstechnik effektiver und schneller.
5. Die Art der Struktur erlaubt es, neue Informationen leicht und ohne die Übersichtlichkeit störende Streichungen und eingezwängte Nachträge unterzubringen.
6. Jedes Kartenbild ist von jedem anderen nach Form und Inhalt deutlich unterschieden. Das ist für die Erinnerung hilfreich.
7. Im kreativen Bereich des Aufzeichnens, etwa bei der Vorbereitung von Aufsätzen und Reden, erleichtert es das nach allen Seiten offene Kartenschema, neue Ideenverknüpfungen herzustellen.“ (S. 103)

Drei Beispiele:

Ob Mind-maps selbstverständlich oder nur für ihren Produzenten verständlich sein müssen, hängt vom jeweiligen Verwendungszusammenhang ab. Wenn Sie Mind-maps als persönliche Arbeitstechnik anwenden, die dazu dient, Texte zu exzerpieren oder schriftliche bzw. mündliche Darlegungen zu konzipieren, dann genügt es, dass nur Ihnen das Mind-map verständlich ist.

Die folgende Abbildung ist ein **Exzerpt**, das ich von einem Aufsatz angefertigt habe (BORGER, M.; JUNG, K.: Trendbericht Sportmedizin. *Sportpraxis* 28, 1987, 3, S. 3-7).
Die nächste Übersicht stammt von einer Teilnehmerin meiner Visualisierungskurse an der FU Berlin. Die wissenschaftliche Mitarbeiterin des Instituts für Theologie hatte ihre Mind-map als Vorlage für einen **Vortrag** angefertigt. Dieser befasst sich mit Thomas von AQUINS fünf Gottesbeweisen.

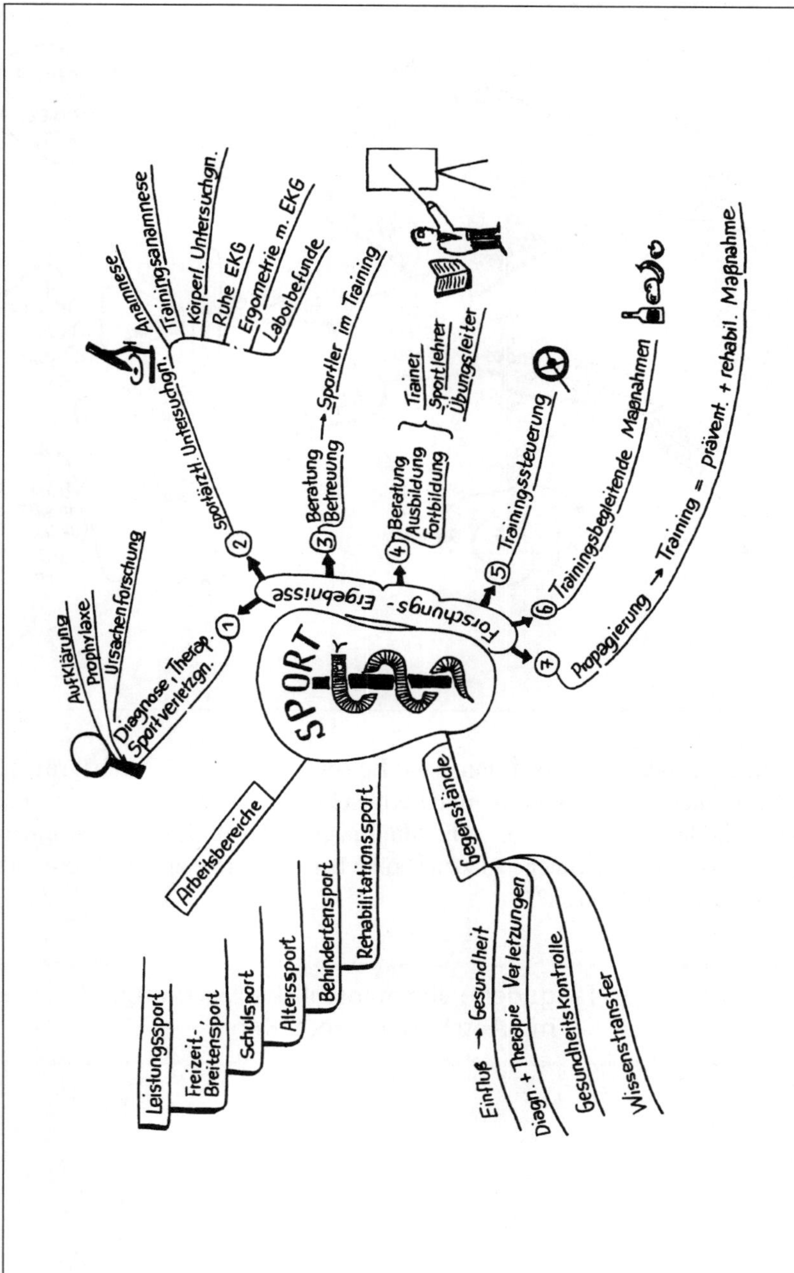
SPORT
Forschungs- Ergebnisse
1 Diagnose, Therap. Sportverletzgn.
Aufklärung
Prophylaxe
Ursachenforschung
2 sportärztl. Untersuchgn.
Anamnese
Trainingsanamnese
Körperl. Untersuchgn.
Ruhe EKG
Ergometrie m. EKG
Laborbefunde
3 Beratung Betreuung → Sportler im Training
4 Beratung Ausbildung Fortbildung
Trainer
Sportlehrer
Übungsleiter
5 Trainingssteuerung
6 Trainingsbegleitende Maßnahmen
7 Propagierung → Training = prävent. + rehabil. Maßnahme
Arbeitsbereiche
Leistungssport
Freizeit-, Breitensport
Schulsport
Alterssport
Behindertensport
Rehabilitationssport
Gegenstände
Einfluß → Gesundheit
Diagn. + Therapie Verletzungen
Gesundheitskontrolle
Wissenstransfer

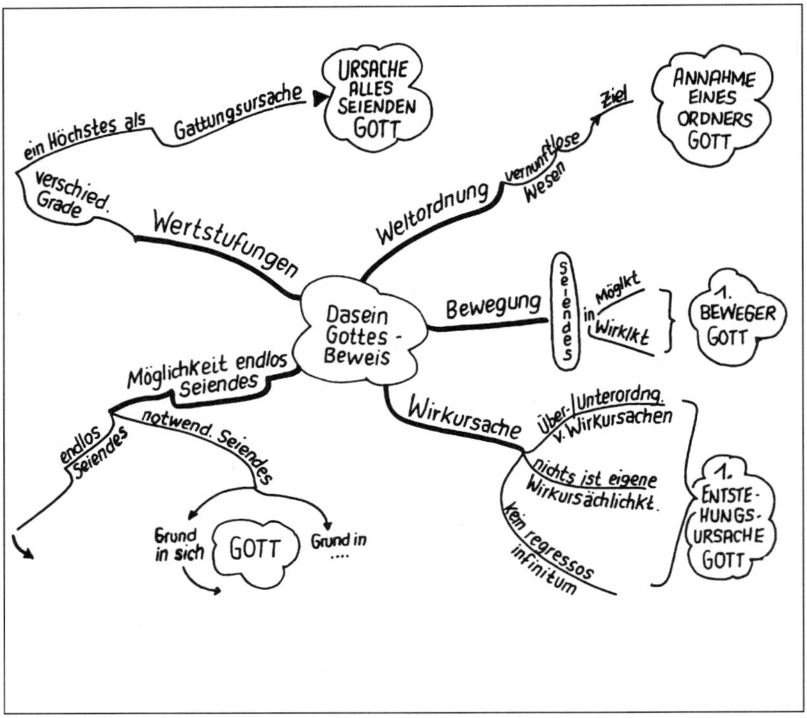

Im Folgenden wird noch einmal das Beispiel von Seite 63 f. aufgegriffen. Es ging hier um ein Seminar mit Fachhochschullehrern zum Thema „Fachhochschule im Jahre 2002“. Die Mind-map ist **Ergebnis einer Gruppenarbeit** zur Frage: „Welche Akzente sollte der Unterricht an Fachhochschulen im Jahre 2002 setzen?“.

„So fängt denn alle menschliche Erziehung mit Anschauung an.“ (Kant)

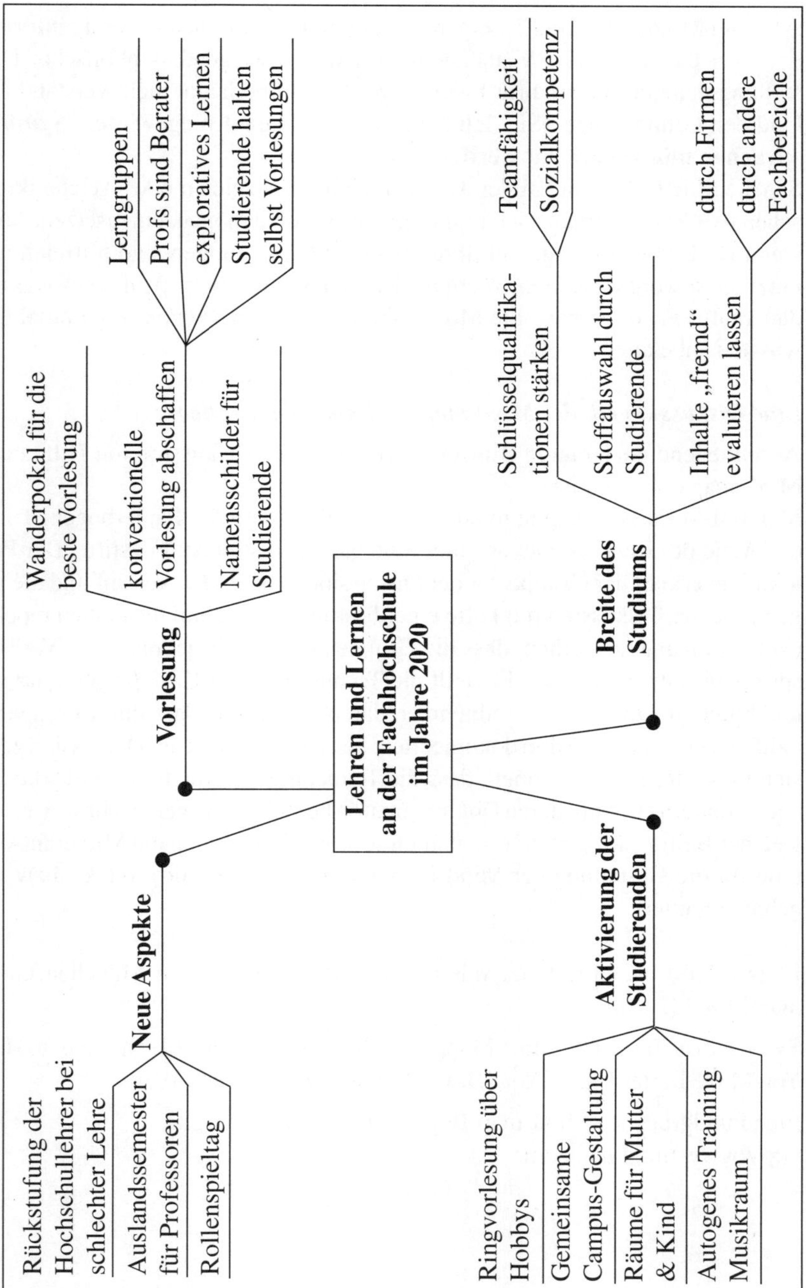
Lehren und Lernen an der Fachhochschule im Jahre 2020
Neue Aspekte
Rückstufung der Hochschullehrer bei schlechter Lehre
Auslandssemester für Professoren
Rollenspieltag
Vorlesung
Wanderpokal für die beste Vorlesung
konventionelle Vorlesung abschaffen
Namensschilder für Studierende
Lerngruppen
Profs sind Berater
exploratives Lernen
Studierende halten selbst Vorlesungen
Aktivierung der Studierenden
Ringvorlesung über Hobbys
Gemeinsame Campus-Gestaltung
Räume für Mutter & Kind
Autogenes Training
Musikraum
Breite des Studiums
Schlüsselqualifikationen stärken
Teamfähigkeit
Sozialkompetenz
Stoffauswahl durch Studierende
Inhalte „fremd“ evaluieren lassen
durch Firmen
durch andere Fachbereiche

Alle drei Mind-maps sind für einen fachunkundigen Betrachter wenig informativ. Aber das haben alle Visualisierungen mit vorwiegend symbolischer Darstellung gemein: Sie sind für Laien schwer oder überhaupt nicht verständlich. Und den Grund kennen Sie. Ich habe eingangs darauf hingewiesen: **Symbolsprachen müssen erlernt werden**.

Scheuen Sie sich nicht, Bilder, Comics, kleine Kritzeleien oder welche ikonischen Ausdrucksformen auch immer Ihnen einfallen mögen, einzusetzen. Auch wenn Bilder mehrdeutig sind, Ihre kreativen Umsetzungen sind hilfreich und nützlich, sowohl was die *Erarbeitung* der Inhalte selbst betrifft, als auch was das dauerhafte *Behalten* bzw. die Möglichkeit der *Rekonstruktion* des einmal Gewussten anbelangt.

Eine Diskussion mit der Mind-map-Technik dokumentieren

Abschließend noch einige Hinweise, wie man eine Diskussion mit Hilfe einer Mind-map dokumentiert:

Material-Voraussetzungen: mindestens ein DIN A0 großer Papierbogen, der an der Wand des Raumes oder an einer Pinnwand befestigt ist; Filzstifte. Der Protokollant erklärt der Gruppe vor der Diskussion, dass er den Verlauf und die Ergebnisse der Diskussion mit Hilfe einer bestimmten Technik festhalten möchte (Voraussetzung ist freilich, dass die Gruppe an einem Ergebnis- bzw. Verlaufsprotokoll interessiert ist). Er stellt die Technik in ihren Grundzügen kurz vor und bittet die Diskussions-Teilnehmer, darauf zu achten, dass ihre Beiträge inhaltlich zutreffend von ihm dokumentiert werden. Während der Diskussion zeigt sich in der Regel sehr schnell, dass die Teilnehmer sich nicht nur um „die Sache", sondern auch um deren Dokumentation bemühen (sie geben Hinweise, wie welcher Beitrag am besten festzuhalten sei), sie übernehmen die Mitverantwortung für die Gestaltung der Mind-map und diskutieren sehr produkt- bzw. ergebnisorientiert.

BUZAN, TONY.: Kopftraining. Anleitung zum kreativen Denken. München: Goldmann 1984 (2. Aufl.)

SVANTESSON, INGEMAR: Mind Mapping & Memory. Powerful Techniques to Help You Make Better Use of Your Brain. London: Kogan Page 1989

Eine Fundgrube für Mind-map-Begeisterte ist die Web-Seite: http://www.mindman.com

Mind-map-Software
Es gibt mittlerweile einige PC-Programme zur Erstellung von Mind-maps. Eines der m. E. mit Abstand besten ist das Programm „MindMan“ von Michael JETTER (Informationen: PD-Profi Zöttlein; Schulstraße 13; 86666 Burgheim). Das Programm verfügt über ein beeindruckendes Leistungsspektrum. Beeindruckend deshalb, weil es ermöglicht, mit einer Textverarbeitung erstellte Texte in ein Mind-map umzuwandeln, wie umgekehrt, Mind-maps in eine „normale“, sequentielle Darstellungsform einer Textverarbeitung zu transformieren. Was dieses Programm alles kann – und das ist eine beachtliche Menge – darüber gibt das nachstehende, von mir leicht gekürzte Mind-map des Herstellers Auskunft. Die Abbildung auf S. 74 ist mit diesem Programm erstellt worden.
Die im Herbst 1997 erscheinende Windows 95/NT-Version kann auch Bilder und frei formatierbaren Text integrieren.

„Das Bild ist eine Art Stütze des Denkens, welches durch die symbolische Vertretung der Operation ihre innerliche Vorstellung ermöglicht.“ (Aebli)

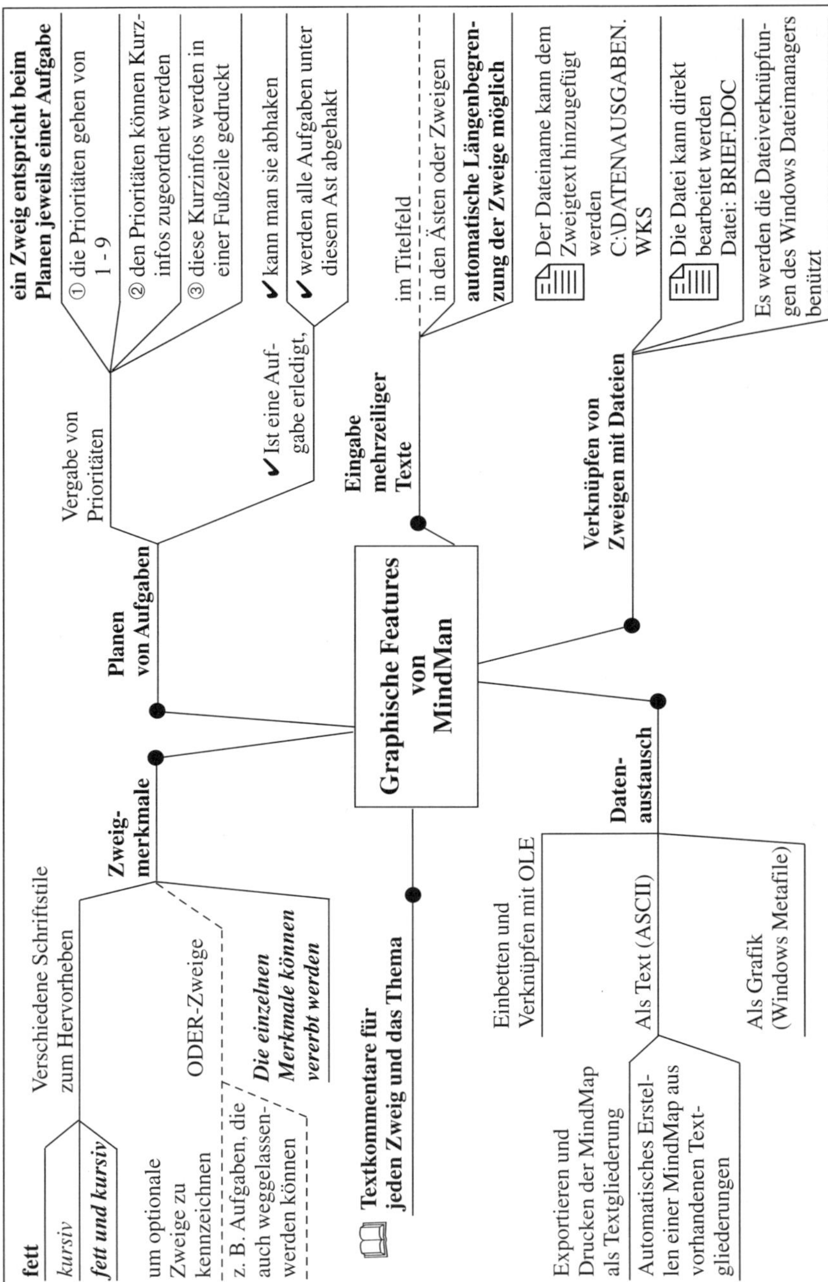
Graphische Features von MindMan
Zweig-merkmale
Verschiedene Schriftstile zum Hervorheben
fett
kursiv
fett und kursiv
ODER-Zweige
um optionale Zweige zu kennzeichnen
z. B. Aufgaben, die auch weggelassen-werden können
Die einzelnen Merkmale können vererbt werden
Planen von Aufgaben
Vergabe von Prioritäten
ein Zweig entspricht beim Planen jeweils einer Aufgabe
① die Prioritäten gehen von 1 - 9
② den Prioritäten können Kurzinfos zugeordnet werden
③ diese Kurzinfos werden in einer Fußzeile gedruckt
Ist eine Aufgabe erledigt,
kann man sie abhaken
werden alle Aufgaben unter diesem Ast abgehakt
Eingabe mehrzeiliger Texte
im Titelfeld
in den Ästen oder Zweigen
automatische Längenbegrenzung der Zweige möglich
Verknüpfen von Zweigen mit Dateien
Der Dateiname kann dem Zweigtext hinzugefügt werden
C:\DATEN\AUSGABEN.WKS
Die Datei kann direkt bearbeitet werden
Datei: BRIEF.DOC
Es werden die Dateiverknüpfungen des Windows Dateimanagers benützt
Daten-austausch
Einbetten und Verknüpfen mit OLE
Als Text (ASCII)
Exportieren und Drucken der MindMap als Textgliederung
Automatisches Erstellen einer MindMap aus vorhandenen Textgliederungen
Als Grafik (Windows Metafile)
Textkommentare für jeden Zweig und das Thema

Vorstellungs-Bilder

Der Gestaltpsychologe Rudolf ARNHEIM beschreibt in seinem Buch „Anschauliches Denken“ einige Experimente, die er an der Harvard Universität durchgeführt hat. Er forderte Studenten auf, z. B. Begriffe wie „Demokratie“, „gute/ schlechte Ehe“, „Vergangenheit – Gegenwart – Zukunft“ in abstrakten (ungegenständlichen) Zeichnungen darzustellen; ihrem Denken in Form so genannter Vorstellungsbilder Ausdruck zu verleihen.

Worin bestehen die Vorteile der Anfertigung von Vorstellungsbildern?

Die Aufforderung, einen theoretischen Begriff in Form einer **abstrakten** Zeichnung darzustellen, bereitete den Studenten in ARNHEIMS Experimenten keine Schwierigkeiten. Die Experimente zeigten weiter, dass sich in allen Fällen die Abstraktionen mit dem *Wesen*, mit der *Struktur* der abzubildenden Begriffe befassen, auch wenn beim Nachdenken über die gestellte Aufgabe sicherlich häufig sehr *konkrete* Einzelfälle den Ausgangspunkt bilden.
In der Abstraktion vom Einzelfall, im Zwang zur Verallgemeinerung, zur subjektiven Akzentsetzung liegt offensichtlich der Wert von Vorstellungsbildern. Dass dieser Effekt sich auch bei **gegenständlichen** Zeichnungen einstellen kann, bestätigen die „Malaktionen“ im Rahmen der politischen Erwachsenenbildung von Klaus DERA (1986) und Ute BLOCK (1984). Hier ging es um die Frage „Wie sieht mein Arbeitsplatz im Jahre 2001 aus?“. Die Autoren betonen vor allem den Unterschied zwischen *zeichnerischem* Ausdruck und *mündlichem* oder *schriftlichem* Erfahrungsbericht:
Der Unterschied besteht Ihres Erachtens darin, „dass nicht isolierte Erlebnisse vorgestellt werden, sondern dass das Erlebnisumfeld, seine technische/organisatorische Struktur, seine Auswirkungen auf die alltägliche Erfahrungswelt sichtbar werden.“ (S. 172 f.)
Man erzielt also auch hier – bei gegenständlichen Zeichnungen – den gleichen Effekt: Zeichnerische Ausdrucksformen unterstützen die Denkarbeit, können helfen, verbale Blockaden zu überwinden, stellen dem Denken eine neue Ausdrucksform zur Verfügung. Allerdings, und hierin liegt der Unterschied zu ARNHEIMS Experimenten: Der Zwang zur Abstraktion (also ungegenständlich zu zeichnen) scheint – wie auch die Bildkommentare (vgl. Abbildungen auf S. 78) bestätigen – die „Produzenten zu „zwingen“, sich auf die **Struktur der Dinge** zu konzentrieren.

Schließlich möchte ich noch eine weitere Variante gegenständlicher Visualisierung vorstellen, die mir ebenfalls geeignet erscheint, komplexe Sachverhalte durch Visualisierung „auf den Punkt zu bringen“ und damit zugleich die Lernenden zu aktiver Auseinandersetzung zu motivieren. Es ist dies die Aufforde-

rung, eine Situation oder eine Mitteilung als Piktogramm darzustellen. Ein **Piktogramm** ist ein sehr reduzierendes, abstrahierendes, verallgemeinerndes, sich auf die wesentlichen Merkmale des darzustellenden Gegenstandes konzentrierendes Bildzeichen.
Johannes BECK und Heide WELLERSHOFF beschreiben, wie die Herstellung von Piktogrammen durch die Lernenden im Unterricht als „Rückweg zur Schrift" und damit auch als Rekonstruktion von Denkarbeit dienen kann. Die Lernenden werden angeregt, über das *Typische*, das *Symbolhafte* der Situation bzw. der Mitteilung nachzudenken und das Resultat mit anderen zu diskutieren. (1989, S. 165 ff.)

Schlussfolgerungen für die Unterrichtsgestaltung

Man kann Vorstellungsbilder in der Bildungsarbeit also immer dann anwenden, wenn es um die Erörterung theoretischer Begriffe geht. Hier bilden zeichnerische Ausdrucksformen einen kreativen „Einstieg" in die Erörterung, eine „spielerische" Annäherung an theoretische Begriffe oder komplexe Themen. Nicht zuletzt kann man mit dieser Methode auch dem Anspruch ein wenig gerecht werden, Lernvoraussetzungen zu ermitteln und im Lehr- und Lernprozess zu berücksichtigen.

Zur praktischen Anwendung

Das Verfahren empfiehlt sich nur bei einer Gruppengröße bis zu zwölf Teilnehmern (da es sonst zu zeitaufwendig ist und bei den Teilnehmern ein gewisser „Sättigungs-Effekt" eintritt).

Folgende Materialien werden benötigt, sofern man mit dem Overhead-Projektor arbeiten will:
- ein Arbeitstransparent (Folie) je Teilnehmer,
- ausreichende Zahl abwaschbarer Folienstifte,
- einen Overhead Projektor.

1. Zunächst sollte man den Teilnehmern mitteilen, dass man mit ihnen etwas Neues ausprobieren möchte (den Experiment-Charakter betonen)!
2. Die Arbeitstransparente und die Folienstifte austeilen (u. U. Hinweise zum Umgang mit diesen Materialien geben; die meisten erwachsenen Lernenden (auch Studenten) kommen mit diesen Materialien ebenso wie dem Overhead-Projektor selten in Berührung).
3. Einen exakten Arbeitsauftrag formulieren. Etwa: „Teilen Sie Ihre Folie mit einem Strich in zwei Hälften, so dass zwei DIN-A-5-Teile entstehen. Beschreiben Sie in der oberen Hälfte in einer ungegenständlichen (abstrakten) Zeichnung den Begriff ... Wenn Sie damit fertig sind, schreiben Sie in die un-

tere Hälfte einen stichwortartigen Kommentar („Meine Zeichnung soll ausdrücken: ...“). Die Teilnehmer sollten für diese Aufgabe höchstens 15 Minuten aufwenden.

4. Fordern Sie anschließend die Teilnehmer auf, nacheinander an den Overhead-Projektor zu treten. Dort soll zunächst etwa fünf Sekunden nur die Zeichnung gezeigt werden (den Kommentar durch ein Blatt Papier abdecken) und anschließend der Kommentar gezeigt und gegebenenfalls kurz erläutert werden.
5. Versuchen Sie anschließend in einer Diskussion Gemeinsamkeiten und Unterschiede herauszuarbeiten (das Ergebnis schriftlich festhalten).
6. Setzen Sie den Unterricht „traditionell“ fort, z. B. Referat oder Kurzvortrag, Konfrontation der Teilnehmer-Äußerungen mit der Literatur.
7. Wenn Sie möchten und wenn es die Zeit erlaubt, können Sie am Ende der Unterrichtseinheit das Experiment selbst zum Gegenstand der Diskussion machen. Achten Sie jedoch darauf: Das Anfertigen von Vorstellungsbildern ist *kein Selbstzweck*, sondern immer nur *Mittel zum Zweck* der Annäherung, des sich Auseinandersetzens mit Inhalten.

Das Verfahren lässt sich ebenso gut nur mit (Bunt-)Stiften und Papier realisieren. Die Vorstellungsbilder werden dann – wie in einer Ausstellung – an die Wand gehängt und dort von den „Produzenten“ auf die oben beschriebene Weise erläutert.

Drei Beispiele (Vorstellungsbilder und Kommentare):

Die folgenden drei Beispiele machen klar, was Lernende tun, wenn sie aufgefordert werden, Begriffe in Form ungegenständlicher (abstrakter) Begriffe darzustellen. Sie können dieser Aufforderung alle nachkommen; einige Ergebnisse sind nachstehend aufgeführt.

> Die Abbildung entstammt aus ARNHEIMS Seminaren. Die Studierenden waren aufgefordert, ihre Vorstellungen zum Begriff „Demokratie“ zu veranschaulichen.
>
> Das nächste Beispiel stammt aus einem Seminar eines Kollegen zum Thema „Was heißt ‚Behinderung‘?“. Das Resultat dieses kleinen Experiments war: Alle 24 Studierenden des Instituts für Sonderpädagogik waren sofort in der Lage, den Begriff „Behinderung“ abstrakt zu visualisieren. Die meisten verbanden in ihren Kommentaren „Behinderung“ mit Vorstellungen wie „Ausgeschlossensein“, „Leiden“. Für meinen Kollegen war dies ein durchaus guter Ausgangs-/Einstiegspunkt in eine Diskussion mit den Studierenden um deren Berufswahlentscheidung.

„Das Denken des Individuums ist frei, wird aber eingeschränkt, wenn es mit dem Denken anderer Individuen in Berührung kommt."

„Gleichheit unterschiedlicher Individuen."

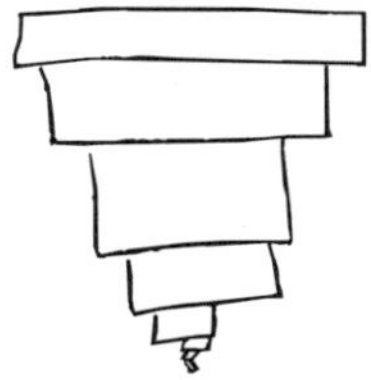

„Wenige Menschen werden von vielen regiert."

„Behindertsein als Nicht-Teil des Ganzen. Teile des Ganzen fehlen, wenn sie isoliert werden; Sie müssen wieder zusammengefügt werden. Integration auf allen Gebieten führt zur Wiederherstellung des Ganzen."

„Wer behindert ( ) ist, ist isoliert. Viele sind dabei völlig allein, andere innerhalb einer Gruppe ( ). Je nach Art der Behinderung sind die Isolierten mehr oder weniger von der Gesellschaft der >Nicht-Behinderten< entfernt. Die Verbindungslinien bedeuten Verbindungen zwischen den Individuen. Die Isolation der Behinderten könnte durch die Kreise hindurch aufgebrochen werden."

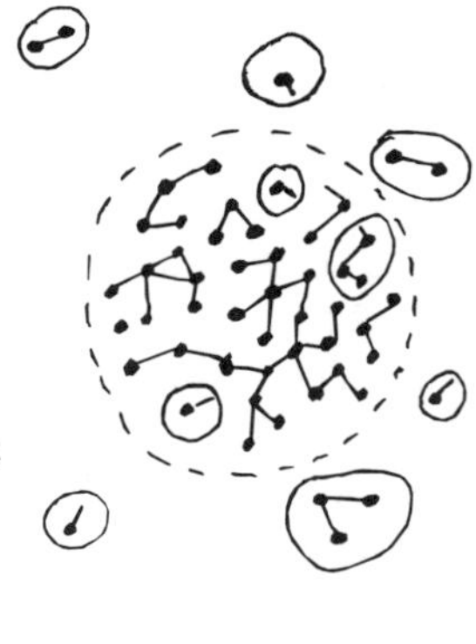

Die folgende Abbildung stammt aus dem Unterricht an einem Schweizer Gymnasium zum Begriff „Sprache“. Die Schüler wurden vom Klassenlehrer aufgefordert, mit Hilfe von Buntstiften abstrakt darzustellen, was „Sprache“ für sie heißt.

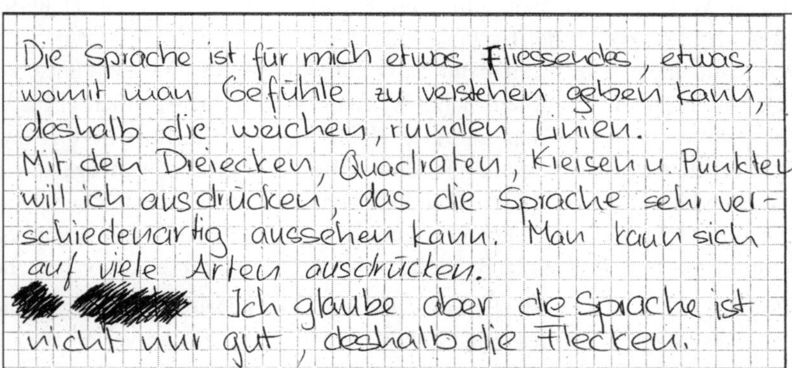

Die Sprache ist für mich etwas Fliessendes, etwas, womit man Gefühle zu verstehen geben kann, deshalb die weichen, runden Linien.
Mit den Dieiecken, Quadraten, Kieisen u. Punkten will ich ausdrücken, das die Sprache sehr verschiedenartig aussehen kann. Man kann sich auf viele Arten ausdrücken.
Ich glaube aber die Sprache ist nicht nur gut, deshalb die Flecken.

- *Ausführlich zur Arbeit mit abstrakten Darstellungen:*

Arnheim, Rudolf: Anschauliches Denken. Zur Einheit von Bild und Begriff. Köln: DuMont 1980 (4. Aufl.)

- *Speziell bezogen auf die Arbeit mit gegenständlichen Darstellungen in der gewerkschaftlichen / politischen Bildungsarbeit:*

Block, Ute: „So hab ich das noch nie gesehen ..." Arbeiter/innen zeichnen ihren Arbeitsplatz. In: Lernen für die Praxis. Medien, Techniken, Methoden. München: Hueber 1984, S. 152-161

Dera, Klaus: Über den Umgang mit Medien. In: Müller, Kurt R.: Kurs- und Seminarmethoden. München: Hueber 1986 (2. Aufl.), S. 162-174

- *Zur Arbeit mit Piktogrammen im Unterricht:*

Beck, Johannes; Wellershoff, Heide: SinnesWandel. Die Sinne und die Dinge im Unterricht. Frankfurt am Main: Cornelsen Scriptor 1993 (2. Aufl.)

Literaturhinweise „Kreatives Visualisieren"

Neben der Moderationsmethode, „Mind-maps" und Vorstellungsbildern gibt es eine Fülle von verstreuten Hinweisen zum Thema „Kreatives Visualisieren". Ich möchte Ihnen folgende Publikationen empfehlen:

Gaede, Werner: Vom Wort zum Bild. Kreativ-Methoden der Visualisierung. München: Langen-Müller/Herbig 1992 (2. Aufl.)
Wie kann man eine Idee „zündend", also publikumswirksam visuell umsetzen? In Analogie zur antiken Rhetorik hat Werner Gaede – Hochschullehrer für Verbale Kommunikationsgestaltung an der Hochschule der Künste in Berlin – zwölf Kreativ-Methoden vorgestellt, mit deren Hilfe sich 101 Lösungswege zu einer visuellen Idee aufzeigen lassen. Gaedes Buch bezieht sich zwar nur auf den Bereich „Produkt-Werbung", doch lassen sich viele Methoden – mit den nötigen Abstrichen – auch auf andere Bereiche menschlicher Kommunikation beziehen.

Ruddies, Günther H.; Willi, Eugen: Denkzeichnen. Denken sichtbar machen. Ein Ideen-Magazin als Lern- und Lehrhilfe. München: Lexika Verlag 1985
Geradezu ein Füllhorn von Visualisierungsideen hält das Buch von Ruddies und Willi bereit. Das systematisch aufgebaute und sehr anschauliche Buch bietet zahlreiche Anregungen, wie man Ideen und Sachverhalte visualisieren kann.

Edwards, Betty: Garantiert zeichnen lernen. Das Geheimnis der rechten Hirn-Hemisphäre und die Befreiung unserer schöpferischen Gestaltungskräfte. Reinbek: Rowohlt 1979 (3. Aufl.)

Das Buch – das sich den Ergebnissen der modernen Hirnforschung verpflichtet fühlt – bietet eine Vielzahl von Zeichen-Übungen. Nimmt man sich die nötige Ruhe und Zeit und folgt man den Instruktionen der Autorin, so wird man bereits nach den ersten Übungen mit größtem Erstaunen die selbst produzierten Ergebnisse bewundern. Ein ebenso anregendes wie lehrreiches Buch.

HESCH, SUSANNE; MEIER, KARSTEN: Bildung kommt von Bild. Mittel und Methoden der politisch-kulturellen Bildungsarbeit. Hannover: DGB-Bildungswerk 1990
Einen „bunten Strauß" kreativer Visualisierungsmethoden breiten Susanne HESCH und Karsten MEIER aus. Ihr Methoden-Ratgeber bezieht sich vor allem auf die politische Bildungsarbeit.

MARTINI, GUIDO: Malen als Erfahrung. Stuttgart: Calver; München: Kösel 1977
Guido MARTINI sieht im Malen einen wichtigen Zugang, Lernende – gleich welchen Alters – zu öffnen, Wünsche, Erfahrungen, Motive, Ängste, Erkenntnisse usw. auszudrücken. „Malen" – so MARTINI – „ist ein Stück begreifen von Wirklichkeit. Es ist ein Versuch, die Welt und sich selbst zu verstehen. Auch die im Unterricht empfangenen Informationen und Erkenntnisse werden beim Malen angeeignet ..." (S. 141). Nach MARTINI geht es beim Erfahrungs-Zeichnen in erster Linie darum, zu erkennen, was man subjektiv unter den jeweils auszudrückenden Gefühlen versteht (eigentlich Unsagbares zu verbalisieren). Vergleichbar etwa den Vorstellungsbildern bei ARNHEIM (s. S. 75) geht es auch hier ausschließlich um subjektive Zugänge zu Themen, Sachverhalten, Gefühlen usw. Im Unterschied zu ARNHEIM spielen jedoch bei MARTINI Prozesse des Deutens, des Gesprächs über Bilder eine Rolle. Das Bild ist hier nicht allein Mittel zum Zweck der begrifflichen Abstraktion, sondern es ist selbst Zweck. Die Deutung – nicht nur durch den Autor des Bildes, sondern durch alle Lernenden – soll möglichst viele Lernende zur engagierten Mitarbeit (Anteilnahme) ermutigen.

MCKIM, ROBERT H.: Experiences in Visual Thinking. Belmont: Brooks/Cole 1972
Eine sehr informative, systematische und den Wunsch zum Selbsttun ungemein anregende Einführung in „Visuelles Denken" bietet dieser Autor, Hochschullehrer an der Stanford Universität.

2.4 Zahlenbilder

Was Sie grundsätzlich beachten sollten, wenn Sie ein Zahlenbild erstellen!

Zahlenbilder oder – wie man heute oft sagt – „Business-“ oder „Präsentations-Grafiken“ visualisieren *quantitative* Zusammenhänge oder Aussagen. Wann immer Sie Zahlen (Daten) in Bildsprache (Zahlenbilder) übersetzen, sollten Sie zunächst die **allgemeinen Ratschläge** Edward TUFTES berücksichtigen:

1. Veranlassen Sie den Betrachter, über den Aussagegehalt nachzudenken, nicht über Fragen des Layouts oder über Fragen der technischen Herstellung des Zahlenbildes!
2. Vermeiden Sie Entstellungen, Verzerrungen; zeigen Sie nur das, was die Daten aussagen!
3. Zeigen Sie in großen Datenmengen Zusammenhänge!
4. Ermöglichen Sie dem Betrachter, Datenmengen zu vergleichen!
5. Zeigen Sie zunächst große Zusammenhänge, bevor Sie Einzelheiten zeigen!

Zu den klassischen Zahlenbildern gehören das

a) Stab-, Säulen-, Balken-Diagramm,
b) Kreis-Diagramm und
c) Linien- / Flächen-Diagramm.

Für welche dieser Diagramm-Arten man sich jeweils entscheiden sollte, dafür hat Gene ZELAZNY vorgeschlagen, sich an den folgenden *drei Leitfragen* zu orientieren.

Entscheidung über Diagramm-Arten: Zelaznys „Drei-Schritt“

Leitfrage 1: Zunächst sollten Sie sich darüber klar werden, was Sie überhaupt aussagen möchten!

Leitfrage 2: Da es sich bei jeder statistischen Aussage im Kern immer um einen Vergleich handelt, sollten Sie sich weiter darüber klar werden, um welche der *fünf Grundtypen von Vergleichen* es sich handelt! Um einen:

Grundtypen	Signalwörter	Beispiel
Struktur-Vergleich Er zeigt den Anteil an einer Gesamtheit.	Anteil, Prozentsatz	„Bundesbürger/-innen unter 16 Jahren verbringen 20% ihrer Freizeit vor dem Fernseher."
Rangfolge-Vergleich Er stellt Objekte bewertend gegenüber.	größer, kleiner, besser, schlechter usw.	„Bei Wahlen zum Vorsitz erzielten alle Kandidaten etwa die gleiche Stimmenzahl."
Zeitreihen-Vergleich Er zeigt Veränderungen über die Zeit.	Rückgang, Schwankung, Stagnation usw.	„Die Arbeitslosigkeit wird in den nächsten zwei Jahren zunehmen."
Häufigkeits-Vergleich Er zeigt die Auftretenshäufigkeit eines Objekts in verschiedenen Größenklassen.	Bereich, Häufigkeit, Konzentration, Verteilung usw.	„Die meisten Menschen mit niedrigem Schulabschluss lesen Boulevard-Zeitungen."
Korrelations-Vergleich Er zeigt den Zusammenhang zwischen Variablen.	relativ zu ..., steigt mit ..., verändert sich parallel zu ..., variiert entsprechend ... usw.	„Billigere Eintrittspreise bei Fußballspielen bedeuten nicht unbedingt eine Zunahme der Zuschauerzahlen."

Leitfrage 3: Wenn Sie sich über Ihre Aussage und die Art des Vergleichs im Klaren sind, können Sie die passende Diagramm-Form wählen. Die von ZELAZNY erstellte Matrix bietet hierbei eine Hilfe.

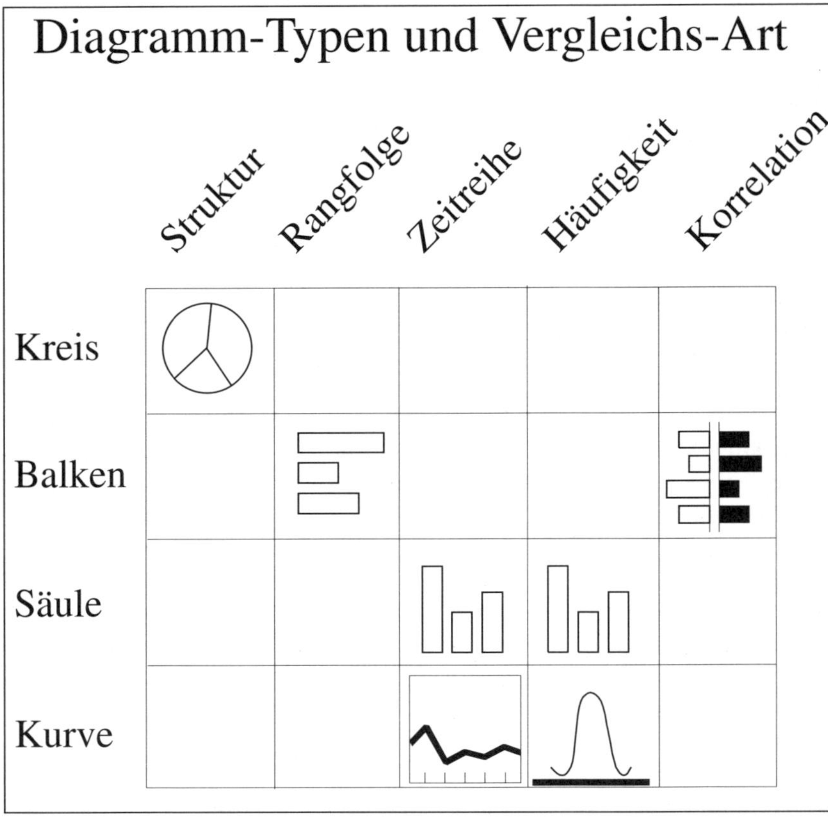

Zur äußeren Gestaltung von Zahlenbildern

Bei der Gestaltung von Zahlenbildern sind bestimmte formale Gesichtspunkte wichtig:

Titel	Gibt er **knapp**, aber **eindeutig** Auskunft worum es geht?
Quellenangabe	Nicht vergessen!
Legende	Eventuell angebracht?
Schraffuren, Farben	Sind diese deutlich **erkennbar** und voneinander **unterscheidbar**?

Verhältnis 1:4 in verschiedenen Darstellungsarten

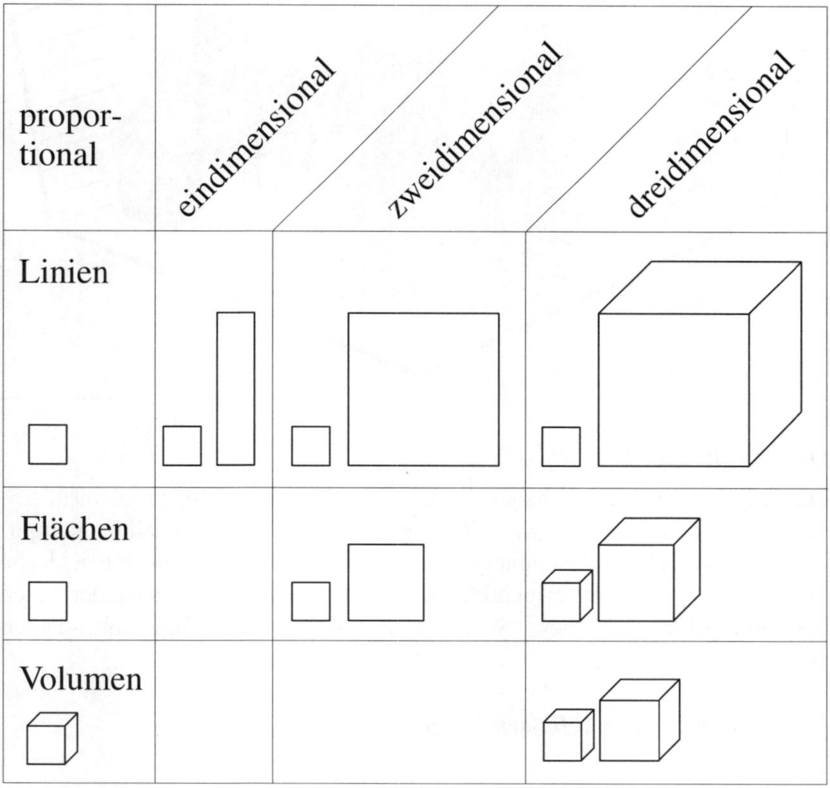

Achtung: Nur geometrische Figuren mit eindimensionaler Ausdehnung wählen, weil sie am schnellsten und am leichtesten erfasst und beurteilt werden können. Keine zwei- oder dreidimensionalen Darstellungsformen wählen.
Leider propagieren die Software-Hersteller exakt das Gegenteil. Programme wie zum Beispiel „Corel Chart", „Harvard Graphics", „Excel" bieten nicht nur zahlreiche Möglichkeiten dreidimensionaler Gestaltung, die Programm-Prospekte rufen nachgerade dazu auf, eine zwei- kurzerhand in eine dreidimensionale Darstellung zu verwandeln.

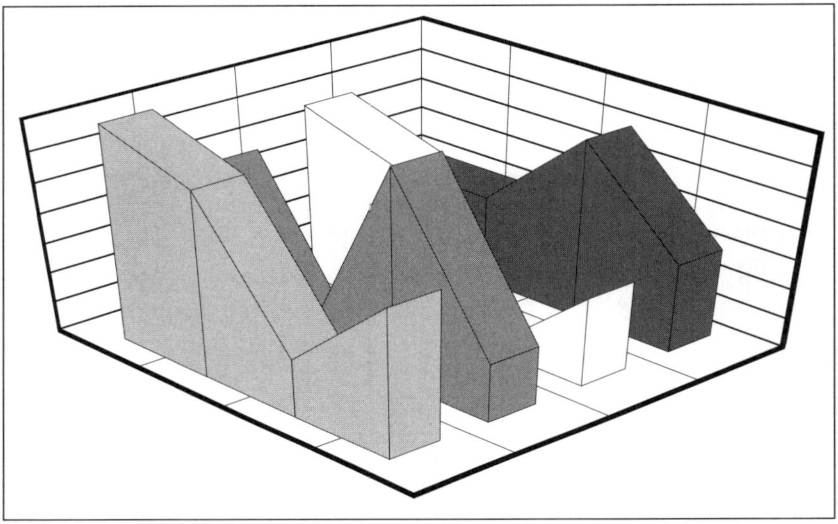

Diagramm-Arten

Die Einzelwissenschaften haben mittlerweile eine große Fülle problemspezifischer Diagramm-Typen entwickelt, die einerseits zwar die Darstellung komplizierter und komplexer Zusammenhänge erlauben, andererseits aber nur noch von einem häufig mathematisch gebildeten Fachpublikum verstanden werden. Auch deshalb möchte ich an dieser Stelle nur die **„klassischen" Diagramm-Typen** vorstellen.

Das Stab-, Säulen- und Balken-Diagramm

Zweck

Es eignet sich vor allem zur Darstellung von *Zeitreihen-* und *Häufigkeits-Vergleichen*. Grundsätzlich können folgende Varianten unterschieden werden: das (a) Stab-Diagramm (eindimensional) und (b) Rechteck-Diagramm (zweidimensional); Rechteck-Diagramme können wiederum unterschieden werden in Säulen- (vertikale Ausrichtung) und Balken-Diagramm (horizontale Ausrichtung).

Konstruktions-Regeln

1. Für die Darstellung quantitativ-ganzzahliger Daten ist das Stab-Diagramm zu bevorzugen. (Abb. 1)

2. Bei der Darstellung qualitativer Daten kann auf die waagrechte Achse (x-Achse oder Abszisse) verzichtet werden. (Abb. 2)
3. Alle Säulen sind gleich breit. (Abb. 3)

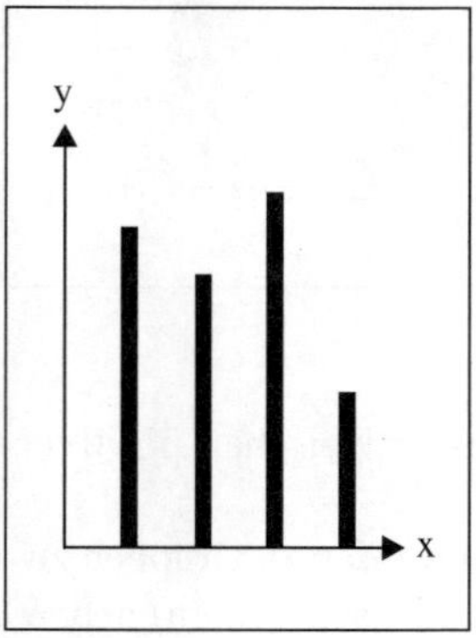

Abb. 1

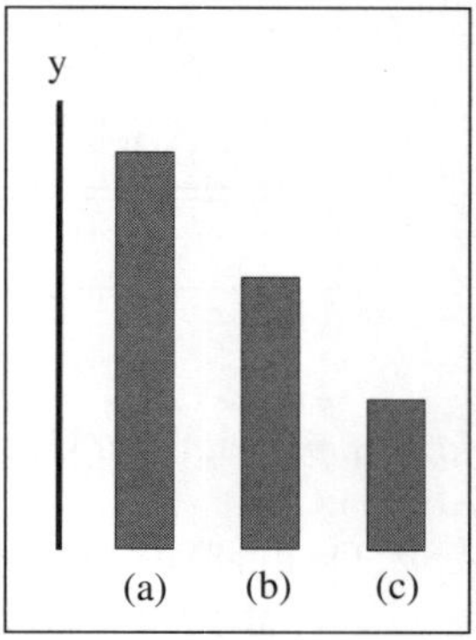

Abb. 2

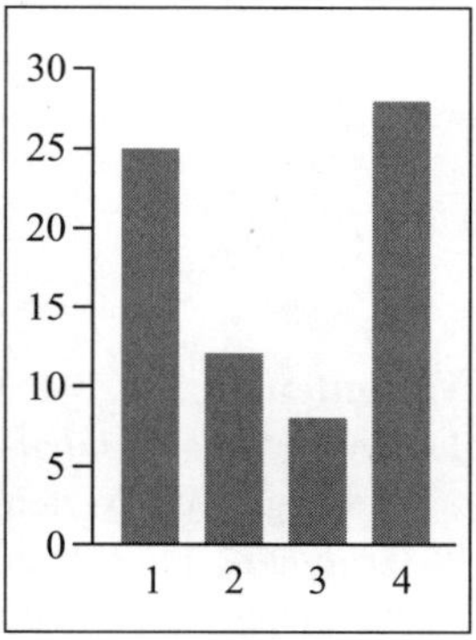

Abb.3

4. Möglichst nicht mehr als zehn Säulen/Stäbe darstellen. Bei mehr als zehn Merkmalsausprägungen sollte das Balken-Diagramm gewählt werden. (Abb. 4)
5. Die Säulen dürfen (aus Platzgründen) gekürzt werden, wenn alle Säulen etwa gleich hoch, aber alle Werte weit vom Nullpunkt entfernt sind. Die Kürzung der Säulen muss gekennzeichnet werden. (Abb. 5)
6. Beginn der Höhenskala immer bei Null.

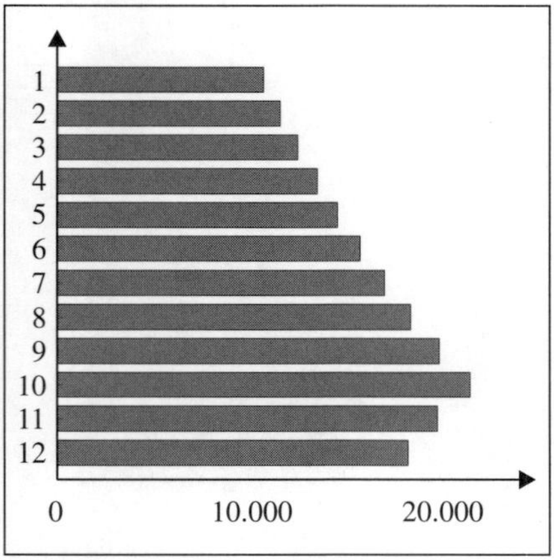

Abb. 4

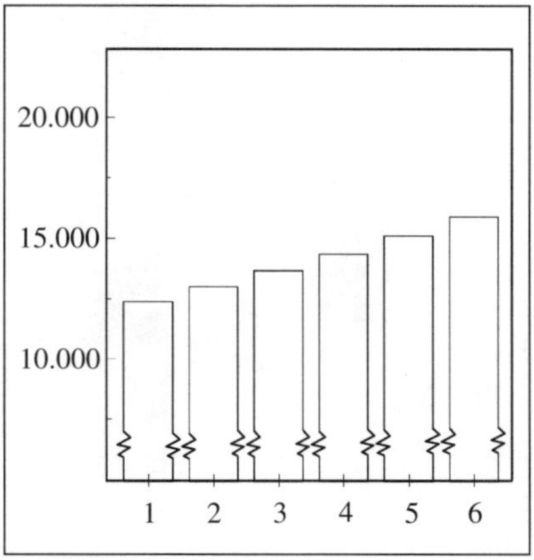

Abb. 5

Unbedingt vermeiden:
Räumliche (dreidimensionale) Darstellung der Säulen (Grund: schlechtere Vergleichbarkeit)

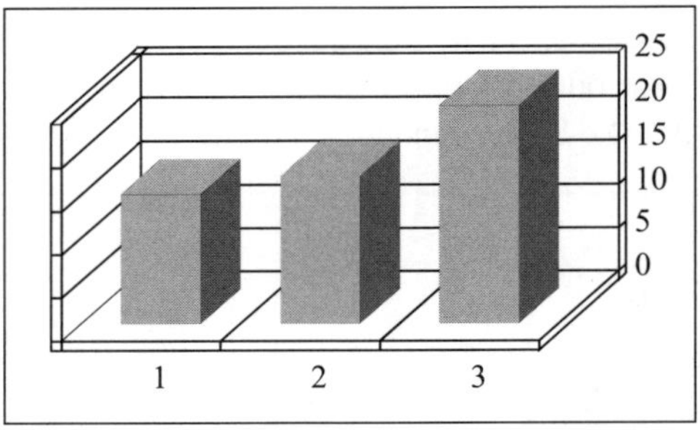

Varianten

1. *Abweichungs-Säulen-Diagramm:* zeigt den Gegensatz zwischen positiven und negativen Werten (Abb. 1).
2. *Gruppen-Säulen-Diagramm*: Qualitative Merkmale werden zu Gruppen zusammengefasst, indem zwei oder drei Säulen (ohne Zwischenraum) nebeneinander stehen. Überlappende Säulen sollten vermieden werden (Abb.2).
3. *Komponenten-Säulen-Diagramm:* zeigt, wie sich Teile der Gesamtmenge über die Zeit verändern (Abb. 3).

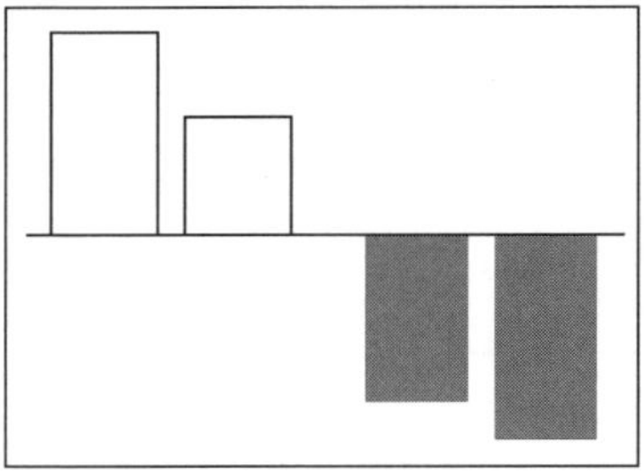

Abb. 1

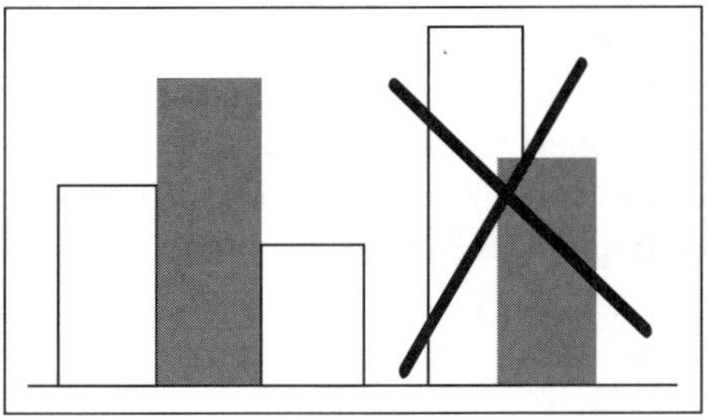

Abb. 2

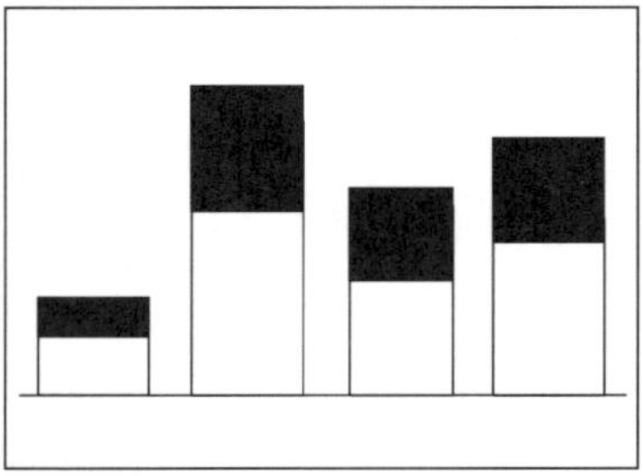

Abb. 3

Das Balken-Diagramm

Zweck

Das Balken-Diagramm eignet sich besonders für die Darstellung von *Rangfolgen*. Es gelten die gleichen Konstruktions-Regeln wie für das Säulen-Diagramm.

Varianten

Grundsätzlich lassen sich alle Varianten des Säulen-Diagramms auch in Form des Balken-Diagramms darstellen. Korrelationen lassen sich mit Hilfe des Doppel-Balken-Diagramms darstellen. Üblicherweise stellt man dabei die unabhängige Variable auf die linke Seite. Allerdings: Bei einem Vergleich mehrerer Datenreihen ist das Linien-Diagramm aus wahrnehmungspsychologischen Gründen zu bevorzugen.

Kreis-Diagramm

Zweck

Es eignet sich vor allem zur Darstellung von *(Prozent-) Anteilen* an einer Grundgesamtheit (100%). Es gilt die Faustregel: Nicht mehr als sechs Werte (Segmente) darstellen. Ansonsten sollte man auf eine graphische Darstellung verzichten, denn der Zweck der Visualisierung, dem Betrachter eine schnelle Orientierung zu ermöglichen, ist kaum zu realisieren.

Konstruktions-Regeln

1. Kreis-Segmente entsprechend der Rangfolge der Prozentwerte im Uhrzeigersinn (beginnend an der 12-Uhr-Linie) anordnen.

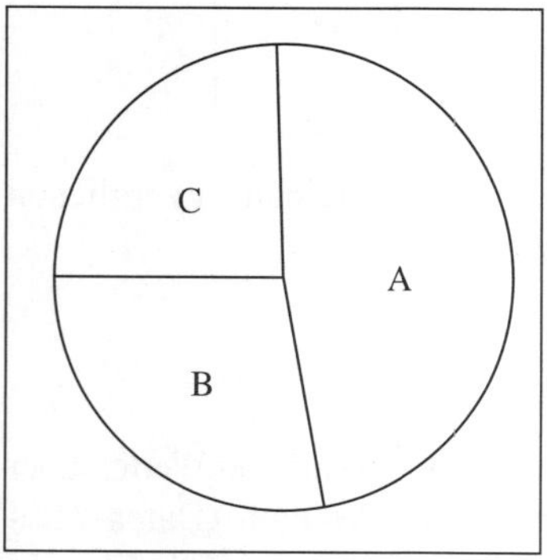

2. Will man einen Prozent-Anteil besonders hervorheben, so kann dies durch
   a) Herausstellen des Segments,
   b) Weglassen des Segments oder
   c) durch besonders dunkle (in der Regel schwarze) Farbgebung erfolgen.
3. Segmente dürfen nicht zu klein sein.
4. Auf perspektivische Effekte verzichten.

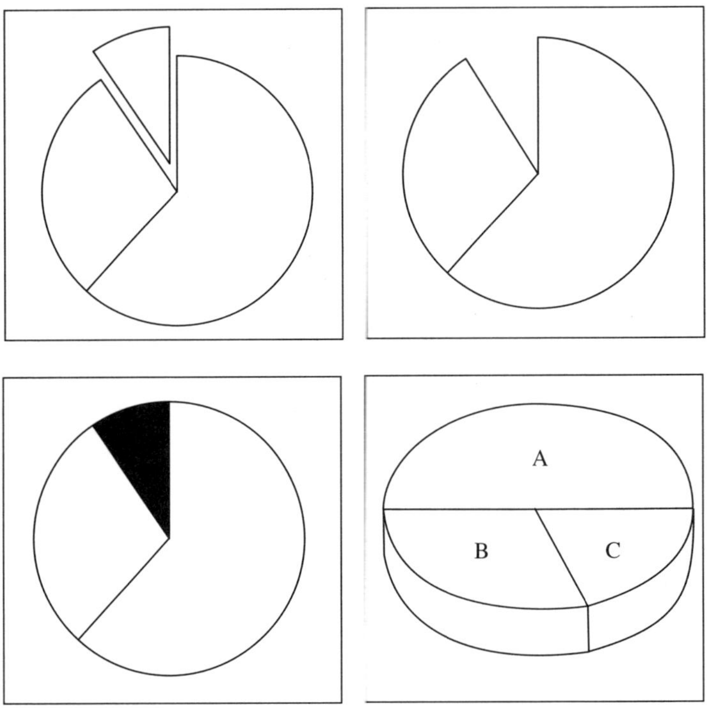

5. Schließlich: Sollen zwei oder mehrere Gesamtgrößen miteinander verglichen werden, so ist das Balken-Diagramm vorzuziehen.

Linien- / Kurven-Diagramm

Zweck

Es dient der Darstellung von *Zeitreihen* (also der Veränderung von Werten über einen Zeitraum). Es ist vorteilhaft, wenn (a) verschiedene Verläufe (Daten- / Beobachtungsreihen) miteinander verglichen werden sollen, (b) spezielle Charakteristika von Verläufen, wie z. B. Verlaufstypen oder Verlaufsabweichungen erkannt werden sollen.

Faustregel: Bei bis zu sieben (Zeit-)Punkten (x-Achse) ist das Säulen-Diagramm, bei mehr als sieben Punkten ist auf jeden Fall das Linien-Diagramm vorzuziehen.

Konstruktions-Regel
Die Kurven-Linie (Polygonzug) sollte stets stärker sein als die Basis-Linie (Abszisse).

Unbedingt vermeiden
Die Kurven beruhen auf unterschiedlichen y-Skalen (z. B. absolute Zahlen und Prozentwerte).

Varianten

1. *Mehrfach-Linien-Diagramm:* Es bildet die Entwicklung zweier oder mehrerer Objekte ab. Achtung: „Spaghetti-Diagramme" vermeiden! Sofern die Linien farbig unterschieden werden können, sollten nicht mehr als sieben Kurven in einem Diagramm dargestellt werden. Bei schwarz-weißer Darstellung können bereits vier oder fünf Linien unübersichtlich wirken.

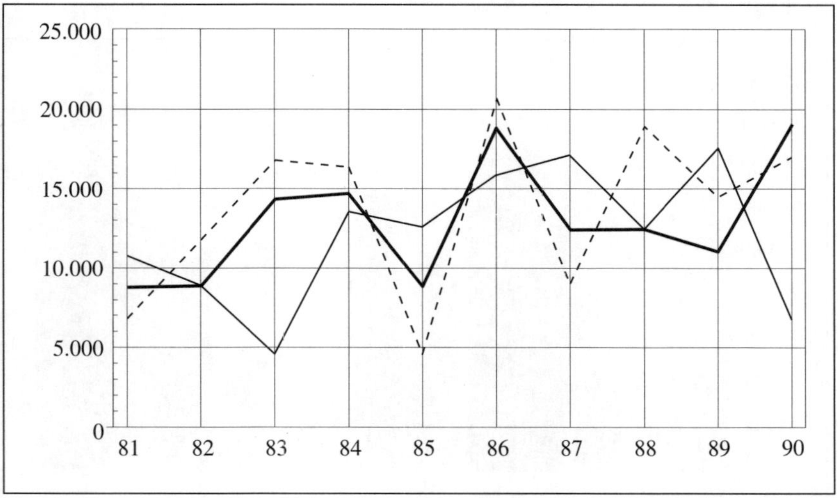

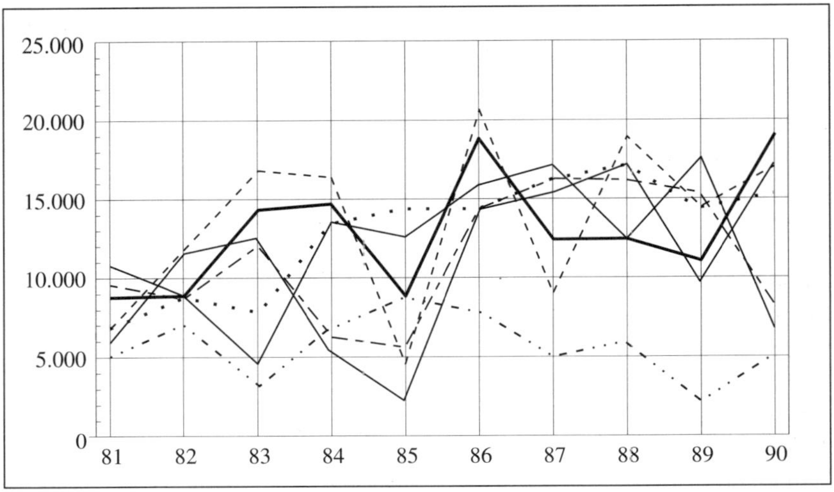

2. *Flächen-Diagramm:* Es entsteht durch Schraffieren der Fläche zwischen dem Polygonzug und der Basislinie (Abszisse). Das Flächen-Diagramm dient vor allem dazu, Trendveränderungen hervorzuheben.

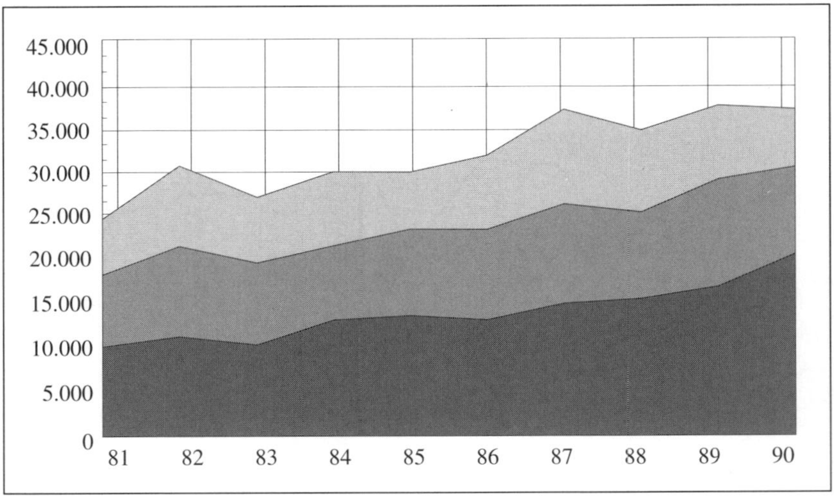

Ein Standardwerk:

ABELS, HEINER; DEGEN, HORST: Handbuch des statistischen Schaubilds, Konstruktion, Interpretation und Manipulation von graphischen Darstellungen. Herne, Berlin: Vlg. Neue Wirtschafts-Briefe 1981

Ebenfalls empfehlenswert:

RIEDWYL, HANS: Graphische Gestaltung von Zahlenmaterial. Bern, Stuttgart: Haupt 1987 (3. Aufl.) (= UTB 440)

TUFTE, EDWARD R.: The Visual Display of Quantitative Information. Cheshire: Graphic Press 1983

ZELAZNY, GENE: Wie aus Zahlen Bilder werden. Wiesbaden: Gabler 1986

Manipulation

Zahlenbilder sind manipulativ, wenn sie dem Betrachter das Bild eines Größenverhältnisses vermitteln, das nicht den Zahlenverhältnissen entspricht. Wir haben am Beispiel Säulen-Diagramm sehen können, welche Manipulationen durch die Variation der beiden Achsen (insbesondere der y-Achse) möglich sind.

Das folgende Beispiel zeigt, eine solche Variation der y-Achse am Beispiel einer Kapitalstandsentwicklung: Bei einer Startsumme von DM 10.000 und einem Zinssatz von 8% p.a. erkennen wir (Abb. a) einen beträchtlichen Anstieg, (Abb. b) einen geringen und (Abb. c) einen sehr geringen Anstieg.

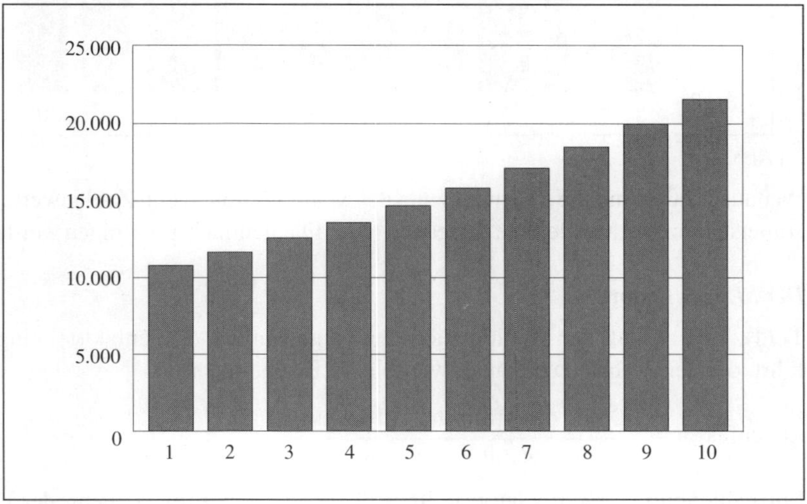

Abb. a)

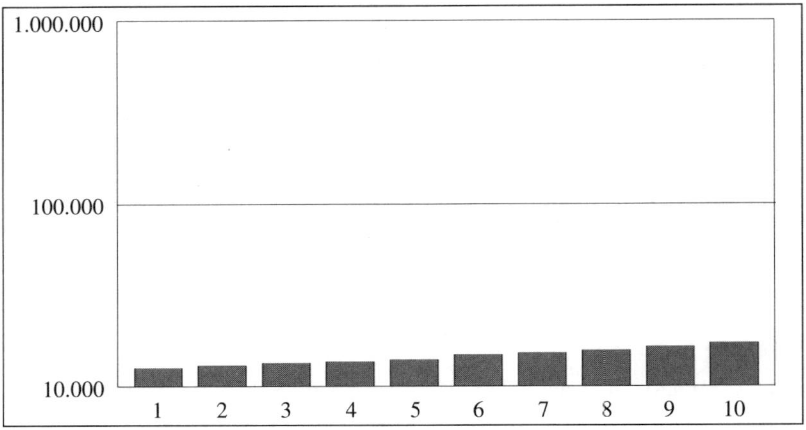

Abb. b)

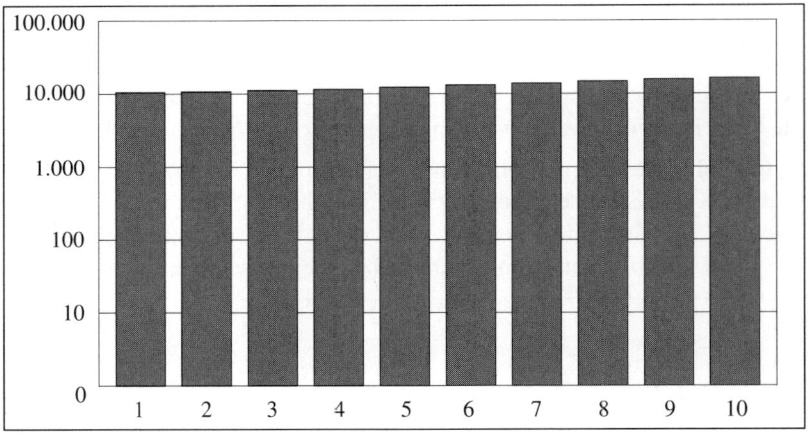

Abb. c)

Weitaus größer sind die Möglichkeiten der Manipulation, wenn Zahlenwerte in zumeist ikonisch „verkleidete" Strecken- oder Flächenmaße übertragen werden.

Der „Lügenfaktor"

TUFTE hat als Maß der Manipulation den so genannten „Lügenfaktor" eingeführt, der beide Maße zueinander wie folgt in Beziehung setzt.

$$\text{Lügenfaktor} = \frac{\text{Größe des grafischen Effektes}}{\text{Größe des Zahleneffektes}}$$

Ein Zahlenbild ist manipulativ (d. h. es über- oder untertreibt), wenn der Lügenfaktor größer als 1,05 oder kleiner als 0,95 ist. Zwei Beispiele:

Eine Gallone Benzin reicht für wieviel Meilen?

Die Linie (1,5 cm) repräsentiert die 1978 mit einer Gallone Benzin zu bewältigende Strecke von 18 Meilen.

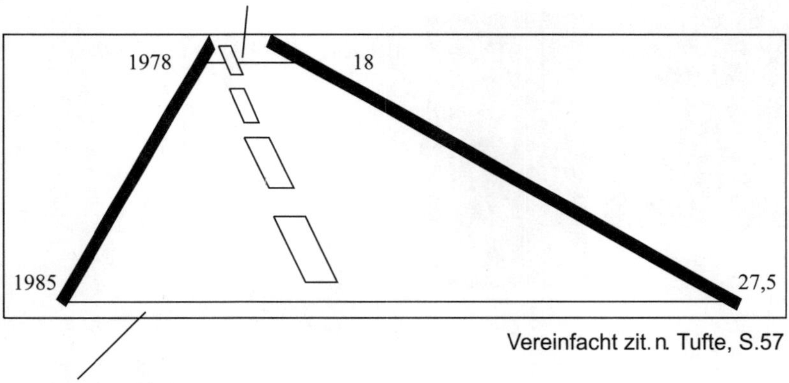

Vereinfacht zit. n. Tufte, S.57

Die Linie (13 cm) repräsentiert die 1985 mit einer Gallone Benzin zu bewältigende Strecke von 27,5 Meilen.

Zahlen-effekt	Gegenüber 1978 ein Anstieg um 53%.	$\frac{27{,}5 - 18{,}0}{18{,}0} \times 100 = 53\%$
Graphischer Effekt	Setzen wir in diese Gleichung statt der absoluten Zahlen die Streckenmaße, dann ergibt sich folgender prozentualer Anstieg:	$\frac{13 - 1{,}5}{1{,}5} \times 100 = 767\%$
Demzufolge wäre der Lügenfaktor:		$\frac{767}{53} = 14{,}5$

Müllexport

Von insgesamt 9 Millionen Tonnen Sondermüll, die in der deutschen Industrie 1993 anfielen, wurden über 600 000 Tonnen im Ausland entsorgt.

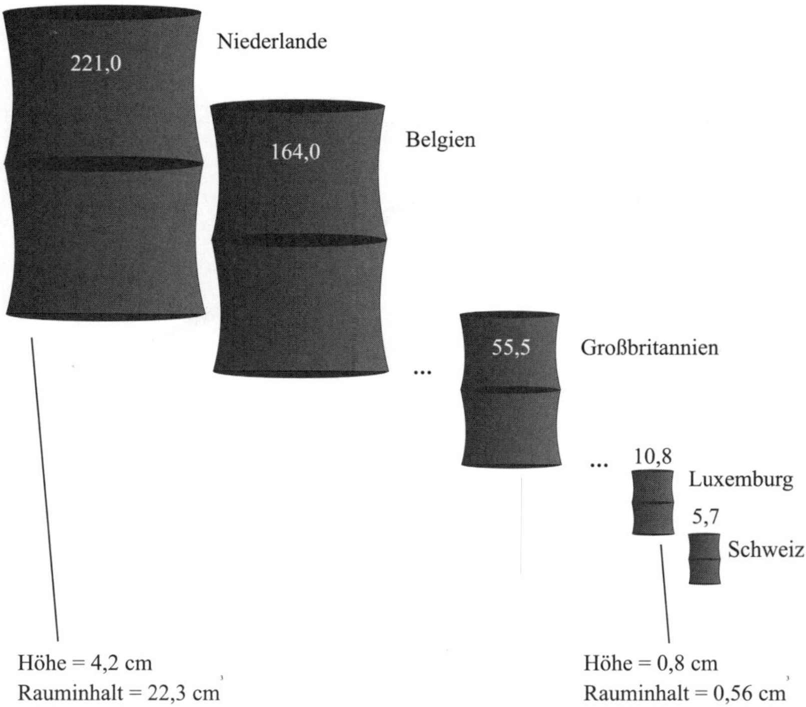

		Höhe	Raum-inhalt
Zahlen-effekt	Unterschied zwischen den Niederlanden und Luxemburg:	1946	1946
Graphischer Effekt	Setzen wir in diese Gleichung statt der absoluten Zahlen die Höhen- bzw. Rauminhaltsmaße der Tonnen, dann ergibt sich folgender prozentualer Wert:	425	13837
Demzufolge wäre der Lügenfaktor:		0,2	7,1

Wie geht man bei der Ermittlung des „Lügenfaktors“ vor?

Zunächst ermittelt man die prozentuale Steigerung aufgrund der absoluten Zahlen **(Zahleneffekt)**. Sodann ermittelt man die prozentuale Steigerung aufgrund der Streckenmaße **(grafischer Effekt)**. Beide Maße setzt man dann in die Formel ein und erhält den „Lügenfaktor“.

In unseren Beispielen beträgt er einmal 14,5 und einmal 0,2 (Höhe) bzw. 7,1 (Rauminhalt). In allen Fällen handelt es sich also um sehr manipulative Zahlenbilder. Nur wenn man im zweiten Beispiel anstelle des Streckenmaßes (in diesem Falle die Höhe der Fässer) bzw. des Rauminhaltsmaßes die Fläche der Fässer zugrunde legt, ist der Lügenfaktor am kleinsten. Da sich aber Flächenmaße weitaus schlechter vergleichen lassen als Höhen- bzw. Breitenmaße, wäre die Darstellung des Sachverhalts Säulen- oder Balkendiagramm angemessener, um sich die quantitativen Unterschiede zu veranschaulichen. Die folgende Abbildung verdeutlicht dies.

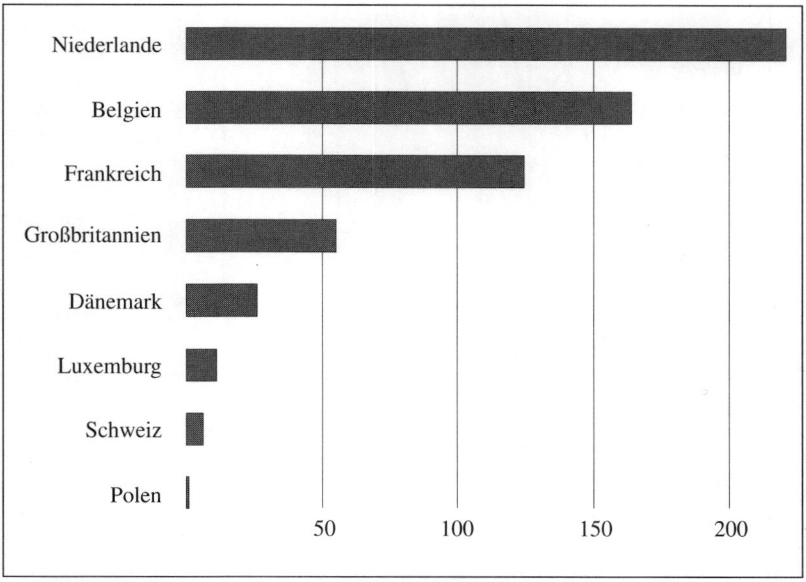

Weitere Manipulationsmöglichkeiten

Heiner ABELS und Horst DEGEN zählen eine Vielzahl *gestalterischer* Manipulationsmöglichkeiten auf (S. 244 ff.); insbesondere durch Veränderungen der x-Achse.

Sie sehen am Beispiel der Umsatzentwicklung eines Unternehmens über einen Zeitraum von zehn Jahren wie unterschiedlich sich die Entwicklung „veranschaulichen“ lässt. Die Umsatzwerte sind zwar jeweils korrekt eingetragen, aber durch die Stauchung (a) bzw. Streckung (b) der x-Achse entsteht

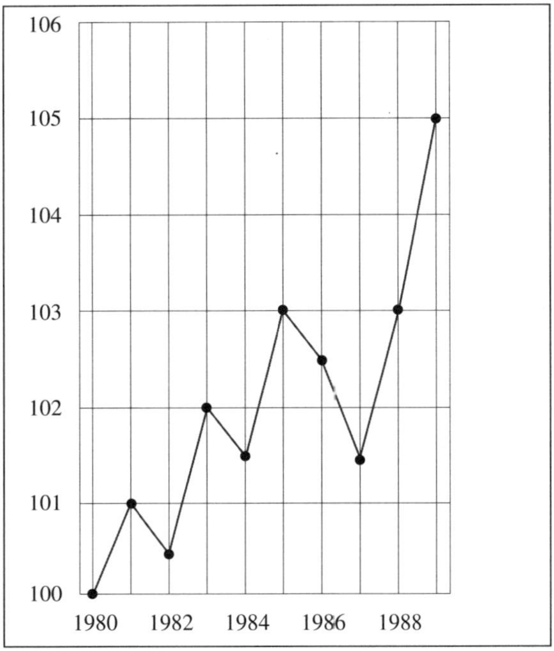

Abb. a)

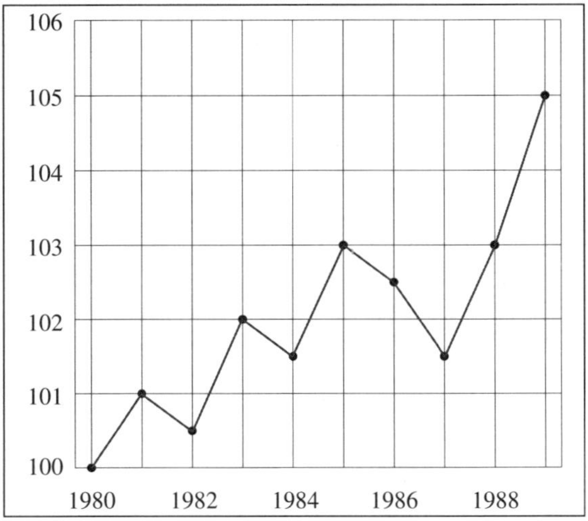

Abb. b)

jeweils ein anderer Eindruck. In (c) wurde die Unterteilung der y-Achse erweitert und somit der relevante Wertebereich (100 bis 105) ganz erheblich gestaucht. Im Ergebnis entsteht der Eindruck eines sehr geringen Anstiegs.

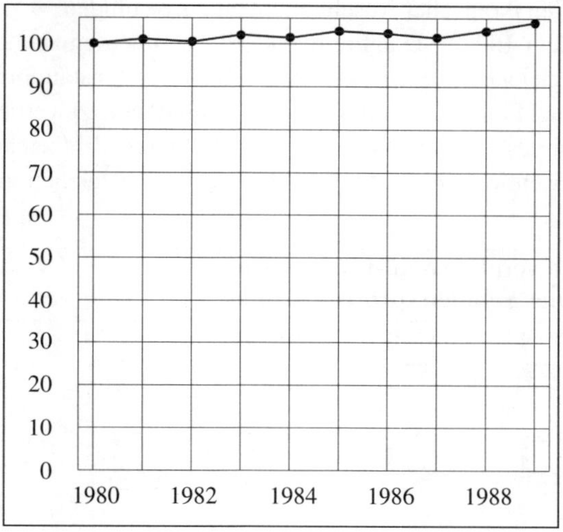

Abb. c)

1. Variation der x- und y-Achse (unübliche Maßstäbe)
2. Variation der x-Achse („Ziehharmonika-Effekt", Streckung durch Einheitenwechsel, selektive Stauchung)
3. Variation der y-Achse (Verkürzung ohne Kennzeichnung)

Und denken Sie schließlich daran: Benutzen Sie immer nur Figuren mit eindimensionaler Ausdehnung! (vgl. Abb. auf den Seiten 85, 86, 88 und 90)

DEWDNEY, ALEXANDER K.: 200 Prozent von Nichts. Die geheimen Tricks der Statistik und andere Schwindeleien mit Zahlen. Basel, Boston, Berlin: Birkhäuser 1994

KRÄMER, WERNER: So lügt man mit Statistik. Frankfurt am Main, New York: Campus 1994 (5. Aufl.) (= Reihe Campus 1036)

„Wiener Bildstatistik": Piktogramme

Diese Darstellungsmethode wurde in den zwanziger Jahren von Otto NEURATH in Wien entwickelt. Sie wurde später zu einem internationalen System der Bildstatistik (ISOTYPE) erweitert. Die Methode basiert auf der Erkenntnis, dass das menschliche Auge nur in der Lage ist, die Länge von Reihen exakt miteinander zu vergleichen. Und sie verpflichtet sich dem pädagogischen Anspruch, quanti-

tative Sachverhalte, qualitativ (also in erster Linie ikonisch) anschaulich darzustellen.
Mengenbilder versuchen die Vorteile der quantitativen Aussage eines Balken-Diagramms mit den Vorteilen ikonischer Anschaulichkeit zu verbinden.
Das Mengenbild ähnelt dem Balken-Diagramm; allerdings mit dem Unterschied, dass die Balken in gleiche Teile zerlegt und durch eine gegenständliche Figur (Ikonogramm; gebräuchlicherweise Piktogramm genannt) ersetzt werden.
Jede Zeile eines Mengenbildes besteht aus einem oder mehreren Bildzeichen und jedes Bildzeichen repräsentiert eine bestimmte Menge (die Bildzeichen sind also Mengeneinheiten).

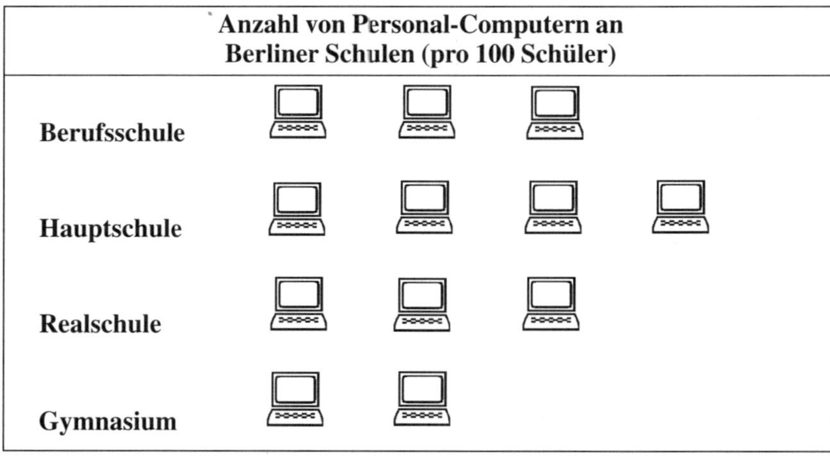

Vorteile guter Mengenbilder gegenüber herkömmlichen statistischen Zahlenbildern:

- sie sind klar und eindeutig in der Aussage,
- sie sind schnell überschaubar,
- sie sind leicht verständlich.

Was ist bei der Erstellung von Piktogrammen zu beachten?

1. Bildzeichen (Piktogramme) müssen generalisiert und eindeutig sein. Es kommt darauf an, sich auf das wesentliche Merkmal des darzustellenden Sachverhalts zu konzentrieren. Die Halbierung von Bildzeichen – wie sie häufig anzutreffen ist – ist wenig sinnfällig und deshalb zu vermeiden.
2. Piktogramme sollten möglichst bildungs- und kulturneutral sein. Sie sollten also von Menschen unterschiedlicher Bildungsvoraussetzungen und unterschiedlicher geographischer Herkunft verstanden werden können.

3. Und sie sollten vor allen Dingen leichter und schneller verstanden werden können als die wortsprachliche Darstellung des Sachverhalts.

Abschließend jeweils zwei gute (a, b) und zwei schlechte (c, d) Beispiele. Abbildungen a) und b) zeigen zwei eindeutige Piktogramme, die bei olympischen Sommerspielen eingesetzt wurden (Fußball, Hockey).
Abbildungen c) und d) zeigen zwei vieldeutige Piktogramme, die eine große karitative Organisation kreiert hat; das linke Piktogramm symbolisiert „Bestechlichkeit“, das rechte „Bewusstseinsbildung“.

Abb. a)

Abb. b)

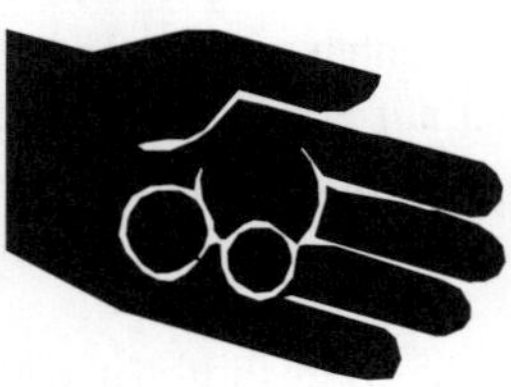

Abb. c)

Abb. d)

Zunächst der „Erfinder“ und seine Intentionen:

NEURATH, OTTO: Statistische Hyroglyphen. In: Ders.: Wissenschaftliche Weltauffassung, Sozialismus und Logischer Empirismus. Frankfurt am Main: Suhrkamp 1979, S. 295 - 301

Eine gute Einführung in die Methode:

KOBERSTEIN, HERBERT: Statistik in Bildern. Eine graphisch-statistische Darstellungslehre. Stuttgart: Poeschel 1973

Eine Einführung in das ISOTYPE-System und zahlreiche Beispiele bietet:

MODLEY, RUDOLF: Handbook of Pictorial Symbols. 3,250 Examples from International Sources. New York: Dover 1976

2.5 Technische Dokumentation / Illustration

Mit der Visualisierung technischer Sachverhalte, vereinfacht ausgedrückt: der Herstellung von Gebrauchsanweisungen, befasst sich die „Technische Dokumentation". Dieser Bereich gewinnt nicht zuletzt aus produkthaftungsrechtlichen und aus Gründen des Bemühens um eine internationale Vereinheitlichung sprach- und bildlicher Darstellungsnormen an Bedeutung. Im deutschsprachigen Raum hat sich dies durch die Etablierung entsprechender Organisationen ausgedrückt. In Deutschland beschäftigt sich die

WWW **tekom**
Gesellschaft für Technische Dokumentation e.V.
(http://www.tekom.de)

in Stuttgart mit der Entwicklung von Berufsbildern (Technischer Redakteur), der themenbezogenen Organisation von Foren und Tagungen und der Herausgabe von Publikationen um die Betreuung dieses Bereichs.
Viele Ratschläge, die sich auf die Dokumentation / Visualisierung technischer Informationen beziehen, sind auch in anderen Zusammenhängen des Lehrens und Lernens von Bedeutung. Deshalb möchte ich hier auf einige Quellen hinweisen, die dem interessierten Leser einen ersten Zugang zum Thema ermöglichen.

Technische Dokumentation optimieren. Professionelle Arbeitshilfen und Musterlösungen. Stuttgart: Raabe 1994 ff. (Loseblattsammlung)
Dieses Handbuch gibt in kurzen und instruktiven Beiträgen namhafter Autoren Auskunft über die Themen „Projektmanagement", „Texten", „Gestalten", „Übersetzen" usw.

REICHERT, GÜNTHER W.: Kompendium für Technische Dokumentation anwendungssicher mit Didaktisch-Typografischem Visualisieren (DTV). Leinfelden-Echterdingen: Konradin 1991
In diesem sehr praxisbezogenen Buch versammelt der Autor allgemeine und gegenstandsspezifische Ratschläge zum Thema.

tekom (Hg.): Technische Dokumentation beurteilen. tekom-Richtlinie. Stuttgart: Gesellschaft für technische Kommunikation e.V. 1991
Die tekom-Richtlinie ist eine 35-seitige Checkliste zur Beurteilung technischer Dokumentationen mit einer Liste der zu berücksichtigenden Normen und Standards (DIN, VDI, IEC, ISO).

KÖSLER, BETRAM: Gebrauchsanleitungen richtig und sicher gestalten. Wiesbaden: Forkel 1992 (2. Aufl.)
Das sehr stark theoriebezogene Buch leitet seine zahlreichen Hinweise durchweg aus den Befunden der jeweiligen empirisch arbeitenden Bezugswissenschaften ab. Kein Buch für den eiligen, an Tipps interessierten Leser, aber ein gleichwohl sehr instruierendes, weil reflektierendes Buch.

Erwähnenswert ist schließlich noch die seit 1989 im Adolph Verlag in Weinstadt erscheinende Zeitschrift: „Technische Dokumentation: schreiben, illustrieren, übersetzen".

3. Womit visualisieren? – Medien

Folgende Medien möchte ich vorstellen:

Tafeln und Steckwände

Hartmut von HENTIG hat einmal gesagt: *„Hätte ich unter alten und neuen Unterrichtsmitteln ein einziges zu wählen, ich wählte die Tafel und Kreide.“* (Das allmähliche Verschwinden der Kindheit. München, Wien: Hanser 1984, S. 22) Dieser Referenz an ein *altes, junges* Medium will ich – ohne Wert und Nutzen der *neuen* schmälern zu wollen – nur zwei Sätze hinzufügen. Die Tafel erscheint mir immer noch das billigste und vergleichsweise (vor allem zum Overhead-Projektor) auch geeignetere Medium zu sein, um Sachverhalte **entwickelnd** und für die Lernenden auch – was die Geschwindigkeit der Darstellung anbelangt – **nachvollziehbar** darzustellen. Entwicklung *und* Nachvollziehbarkeit, das sind die Vorteile des Mediums „Tafel“.

Projektionsmedien

sind „Frontalmedien“; Medien, die darbietenden Unterricht, Präsentationen unterstützen (sollen). Grundsätzlich gilt für diese Medien: Die technische Entwicklung schreitet hier mit rasantem Tempo voran. Das olympische Prinzip „höher, schneller, weiter“ kann analogisierend für die Entwicklung technischer Geräte charakterisiert werden als: *„kleiner, leistungsstärker, billiger“*. Wer sich also über technische Standards (zumal detailliert) äußert, muss sich im Klaren sein, dass er Informationen anbietet, die rasch veraltet sein werden.
Ich habe mich deshalb bei der Beschreibung dieser Medien nur auf einige wenige, teils didaktisch-methodische, teils grundlegende technische Hinweise beschränkt. Auch hier gilt die Regel, nicht das teuerste und leistungsstärkste Gerät ist das beste, sondern das Gerät, das am besten die eigenen – zuvor definierten – Bedürfnisse befriedigt. Und die liegen oftmals weit unter den Leistungsmöglichkeiten der mittel- und hochklassigen Geräte.

Ich gehe auf folgende Medien ein:

1. **Overhead-Projektor.** Er ist nach wie vor das am häufigsten in Vorträgen eingesetzte Medium. Die Vorteile seines Einsatzes überwiegen bei weitem seinen größten Nachteil (zu schnelles Tempo bei der Informationsvermittlung).

   Für OH-Folien gilt leider noch immer: Viele in Lehre und Training eingesetzten Folien entsprechen nicht den methodischen Mindestanforderungen.

2. **Diaprojektor.** Die Dia-Projektion genießt vor allem noch in den Naturwissenschaften und bei Urlaubern (hier wird sie allerdings durch den Videofilm verdrängt) einen guten Ruf. Daran soll auch nicht gerüttelt werden. Ich beschränke mich auf einige Kardinalfehler bei der Dia-Projektion und zitiere einen Katalog von Ratschlägen zur Aufbewahrung von Dia-Positiven.
3. **Episkop.** Das Episkop vermag unter seinem Namen heute nur noch bei älteren Lehrer- und Trainerinnen eine konkrete Vorstellung von einem immer wenig geliebten und genutzten (weil auch gewichtsmäßig viel zu schwerem) Medium zu vermitteln. Allerdings hatte dieses Medium den beiden zuvor genannten immer etwas voraus: Es vermochte *nicht-transparente* Vorlagen zu projizieren! Seine technisch hochmodernen Nachfolger, die heute unter Namen wie „Visualizer" oder „EpiLux" angeboten werden, haben alle Vorteile dieses Oldtimer-Mediums (im HEGELschen Sinne) aufgehoben. Freilich hat diese Erhebung auch ihren stolzen Preis.
   Andere Projektionsmedien – wie z. B. Video- und Datenprojektor – möchte ich nur streifen, weil der Umfang des für eine Kaufentscheidung nötigen technischen „Know-hows" mittlerweile selbst den Umfang eines kleinen Ratgebers einnimmt.

Wo bleiben Video und Film?

Videos und Filme sind freilich auch – und durchaus wichtige – Medien. Dass sie hier unberücksichtigt bleiben, hat folgende Gründe: Bewegte Bilder *selbst herzustellen*, das ist ein sehr anspruchsvolles „Geschäft", das sich nicht auf einigen Seiten beschreiben lässt. Videos und Filme *einzusetzen*, bedarf weniger technischer, denn *didaktischer* Überlegungen. Da didaktische Überlegungen aber nur sinnvoll im jeweiligen inhaltlichen, sachlichen Kontext zu treffen sind, kann hier nur die entsprechende, umfangreich vorliegende Spezialliteratur eine konkrete Hilfestellung bieten.

Folgende Titel widmen sich ihrem Gegenstand mit besonderem Bezug zu Lehren und Lernen:

TÄUBL, ANTON (Hg.): Video in der Praxis. Für Schule, Gemeindearbeit und Erwachsenenbildung. Freiburg i. Br.: Christopherus/Herder 1987

KITTELBERGER, RAINER; Freisleben, Immo: Lernen mit Video und Film. Weinheim, Basel: Beltz 1991

ULRICH, WOLFRAM; BUCK, PETER (Hg.): Video in Forschung und Lehre. Weinheim: Deutscher Studienverlag 1993

Der PC als Visualisierungsmittel

Der PC und eine Vielzahl sehr leistungsstarker Programme gestatten heute die Herstellung anspruchsvoller Projektionsmedien (OH-Folien, Plakate, Dias). Ich kann Ihnen selbstverständlich keine Einführung in dieses umfangreiche Thema bieten, denn zu vielfältig sind die zu berücksichtigenden Hard-, Software- und Wissensvoraussetzungen. Vielmehr möchte ich anhand eines *kleinen Beispiels* zeigen, welche Fragen sich bei der Visualisierung eines sehr simplen Sachverhalts in Hinblick auf die benötigte Soft- und Hardware ergeben.
Meine Hinweise wenden sich in erster Linie an „Anfänger". Produktnamen haben deshalb auch nur exemplarische Bedeutung, auch die Frage, welches Betriebssystem auf Ihrem PC installiert ist, spielt deshalb nur eine untergeordnete Rolle.

Die von der **Zeitschrift „Management & Seminar"** jährlich herausgegebene und sich etwas prätentiös **„Jahrbuch Präsentationstechnik"** nennende Sondernummer informiert kurz und auch für Laien noch halbwegs verständlich über neue technische Entwicklungen.
(Verlag Neuer Merkur GmbH, Ingolstädter Straße 63a, 80939 München)

Über die jeweils neuesten technischen Entwicklungen auf dem Medienmarkt informieren freilich auch die Prospekte der Produkthersteller, die teils „multimedial" aufbereitet auf CD-ROM, z. B. von den Firmen

WWW **Liesegang**
Volmerswerther Straße 21, 40221 Düsseldorf
http://www.liesegang.de

Medium
(der Katalog der Firma enthält lediglich eine Fax-Adresse: 0211 – 5276 100)

kostenlos bereitgestellt werden.

3.1 Tafeln / Steckwände / Flip-Charts

Tafeln

Wenn von der Tafel die Rede ist, dann denkt man unwillkürlich an die Kreidetafel. Denn dieses Medium hat aufgrund unserer eigenen Lernerfahrung tiefe Spuren in unserer Erinnerung an Lehren hinterlassen. Erst im Erwachsenenalter erfährt man mitunter, dass es auch andere Möglichkeiten gibt, das Gelehrte Lernenden vor Augen zu führen, zum Beispiel mit Hilfe von Flip-Charts, Pinnwänden, weißen Tafeln. Doch zunächst zum Klassiker aller Tafeln.

Die Kreidetafel

Die Kreidetafel eignet sich für:
- schrittweises Entwickeln von Sachverhalten (z. B. mathematische Ableitungen),
- Erklärungen und Erläuterungen (z. B. neue Fachtermini, Fremdwörter, Namen, Beispiele, Zahlen),
- Sammeln (z. B. Themen, Vorschläge).

Vorteile:
- einfache Handhabung,
- große Schreibfläche (bei Klapptafeln),
- Löschung, Korrektur des Angeschriebenen ist jederzeit möglich.

Die Tafel eignet sich nicht:
- für Darstellungen, die länger erhalten bleiben sollen,
- für zeitaufwendige Schreib- und Zeichenarbeiten,
- als Ersatz für Umdrucke oder Skripten.

Nachteile:
- kein Augenkontakt zum Publikum beim Anschreiben,
- Erklärungen während des Anschreibens sind akustisch schlecht verständlich,
- zeitaufwendig,
- Tafelbilder sind nicht aufbewahrbar,
- Kreidestaub und Quietschgeräusche beim Schreiben,
- häufig fehlende Reinigungs-Utensilien, schmutzige Hände.

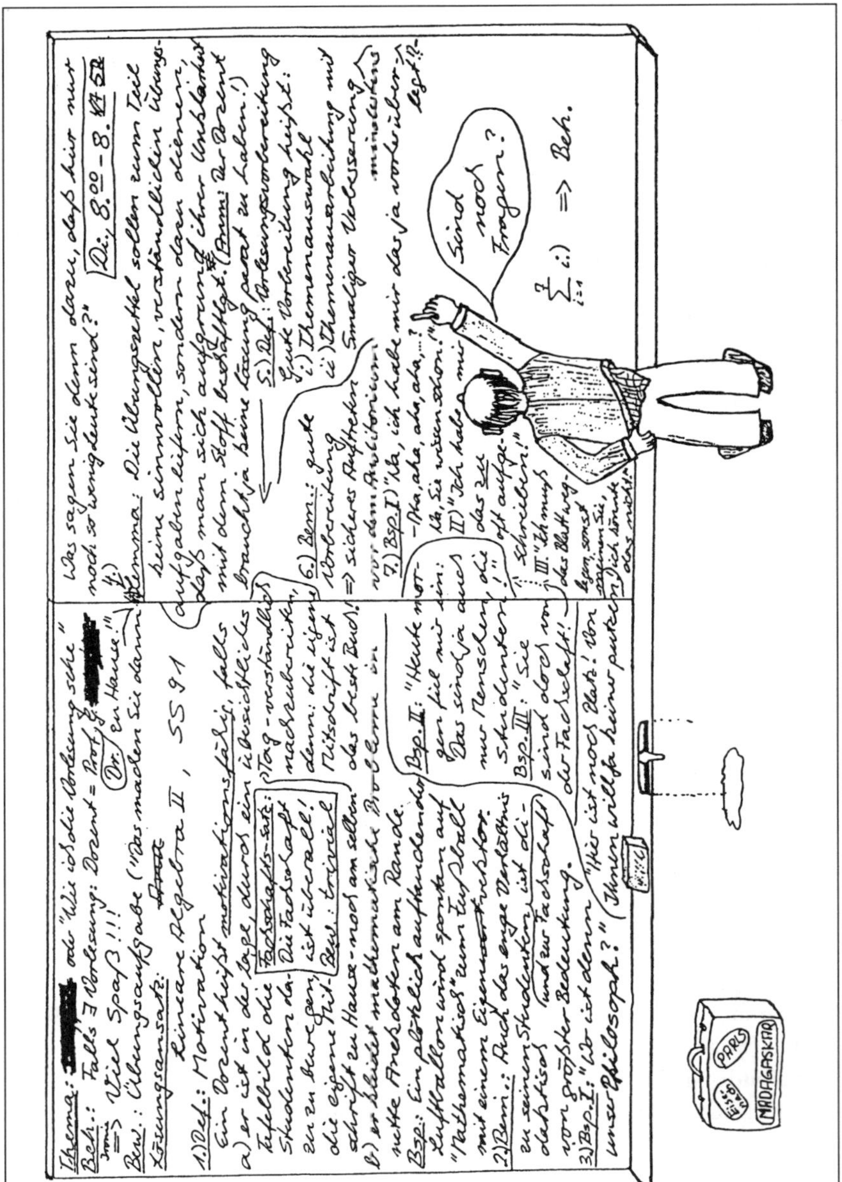

Aus: Fachschaft Mathematik der Universität Bielefeld (Hg.): Math Info Sommersemester 1991/92, S. 21

Handhabung:

Inhalt:
Skizzen, Ergebnisse, kurze Texte, (mathematische) Ableitungen, Versuchspläne, schematische Darstellungen, Definitionen, Merksätze, Schlüsselbegriffe

Vorbereitung:
- Kreide bereithalten,
- Wasser und Schwamm bereithalten,
- Tafelbild: Aufteilung und Platzbedarf vorher überlegen.

Kommunikation:
- Erklärungen zum Anschrieb nur zum Publikum gewandt abgeben,
- nach dem Anschrieb neben die Tafel treten und nur von der Seite auf die Tafel zeigen,
- der Zeigestab muss einige Sekunden auf dem Bezeichneten ruhen,
- nicht mit dem Zeigestock spielen,
- genügend Zeit zum Abschreiben lassen,
- den nicht mehr benötigten Anschrieb abdecken oder abwischen,
- für die Reinigung der Tafel eine Pause einlegen,
- nicht gleichzeitig sprechen und schreiben.

Tafelbild:
- groß und deutlich schreiben,
- das Tafelbild sollte klar und übersichtlich sein,
- Wichtiges farbig hervorheben.

Umgang mit den Utensilien:
- Wischrichtung beim Reinigen der Tafel: von oben nach unten,
- zum Schreiben: neue Kreidestücke in der Mitte durchbrechen (damit verhindert man das Abbrechen der Kreide) oder aber die Kreide sehr kurz anfassen,
- nicht auf die nasse Tafel schreiben,
- dunkelfarbige Kreide vermeiden.

Das Problem des Tafelzeichnens ist weniger ein didaktisch-methodisches, denn ein *handwerklich-künstlerisches* Problem. Das erste Problem lässt sich leichter lösen.
Die folgenden Bücher sind allesamt instruktiv und anschaulich, wenn auch überwiegend auf den schulischen Bereich bezogen:

BREITINGER, EUGEN OSCAR: Wandtafelzeichnen in der Volksschule. Eine Arbeitshilfe für die Lehrerbildung und die Schulpraxis. Berlin, Neuwied: Luchterhand 1966
Die quantitativ und qualitativ beste Darstellung.

Grüner, Gustav: Tafel und Kreide in der Schule. Ein praktisch-pädagogischer Kurs für Lehrer. Braunschweig: Westermann 1970 (2. Aufl.)
Eine der besten kurzen Einführungen in die Arbeit mit dem Medium Tafel; systematisch, instruktiv und anschaulich dargeboten.

Gutschow, Harald: Englisch an der Tafel. Anregungen zum Tafelzeichnen. Berlin: Cornelsen-Velhagen & Klasing 1980
Das Buch, das sich an Englischlehrer wendet, behandelt auf 32 Seiten Regeln, Fehler, Themen und elementare Darstellungshilfen der Tafelarbeit. Es enthält weitere Literaturhinweise zur Tafelarbeit im Englischunterricht.

Weißeno, Georg: Das Tafelbild im Politikunterricht. Schwalbach i.Ts.: Wochenschau Vlg. 1992
Der Autor erläutert die Funktion von Tafelbildern, insbesondere die politikdidaktischen Funktionen, und beschreibt methodische Einsatz- und formale Gestaltungsmöglichkeiten.

Zirk, Otto: Die Schule des Tafelzeichnens. München: Ehrenwirth 1969
Eines der m. W. ausführlichsten Bücher zum Thema. Auf 174 Seiten – die keineswegs, wie der Autor im Vorwort empfiehlt, zunächst einmal ganz zu lesen seien, sondern durchaus *kursiv* zu lesen sind – wird das Thema recht instruktiv und anschaulich behandelt.

Hafttafeln

Die gebräuchlichsten Formen sind die Filz- und die Magnettafel. Die entweder mit einem Filz- oder Magnetüberzug versehenen Haftelemente gibt es in verschiedenen Formen (Rechtecke, unterschiedliche Symbole) und Farben. Für Magnettafeln gibt es außerdem Buchstaben, Zahlen und Etikettenträger sowie Magnetplatten und -streifen zum Selbstzuschneiden und Beschriften.

Vorteil:
Hafttafeln sind besonders dann geeignet, wenn Symbole, Zahlen, Begriffe usw. miteinander in Beziehung gesetzt, klassifiziert, gruppiert usw. werden sollen. Dazu ist es in der Regel jedoch erforderlich, die Haftelemente vor der Präsentation vorzubereiten.

Nachteile:
- sehr begrenzte Einsatzmöglichkeiten,
- Hafttafeln (insbesondere das Zubehör) sind vergleichsweise teuer,
- für die Demonstration differenzierter Darstellungen ungeeignet.

Die weiße Tafel (auch mit Kopierer)

Derartige Tafeln sind Metalltafeln mit einer weißen Kunststoffbeschichtung.

Vorteile:
- Vorteile der Kreidetafel,
- Reinigung mit einem Papiertaschentuch,
- es kann zusätzlich mit Haftmagneten (Symbole, Farben, Etikettenträger usw.) gearbeitet werden,
- auch als Projektionswand verwendbar.

Nachteil:
Weniger ein Nachteil, denn eine ständige Gefahr für die weiße Tafel sind jene Benutzer, die nicht darauf achten, nur die für die weiße Tafel vorgesehenen Stifte zu verwenden, sondern mit nicht-wasserlöslichen Stiften dafür sorgen, dass sich der Anschrieb nicht mehr bzw. nur mit entsprechenden Lösungsmitteln entfernen lässt. Selbst wenn an der Tafel nur die speziell geeigneten Stifte ausgelegt sind, verwenden manche Dozenten unachtsamerweise ihre eignen – aber für das Flip-Chart-Papier vorgesehenen Stifte. Selbst auffällig angebrachte Warnschilder schützen die weiße Tafel häufig nicht vor solchem Schicksal.

Eine technische Erweiterung ist die Kombination der weißen Tafel mit einem *integrierten Kopiergerät*. Der Tafelanschrieb kann als DIN-A4-Kopie in wenigen Sekunden ausgegeben werden.

Das „Soft-Board"

Hierbei handelt es sich um eine Wandtafel mit emaillierter Stahlfläche, die mit einem Spezialfilzschreiber beschrieben wird. Die Tafel ist mit einem PC verbunden. Die Zeichnungen auf der Tafel werden mit Hilfe einer speziellen Software unmittelbar auf den PC-Monitor übertragen, können jederzeit korrigiert, gespeichert und wieder abgerufen werden.

Flip-Charts (und Flip-Chart-Kopierer)

Flip-Charts sind Schreibunterlagen, auf denen Papierblöcke im Format DIN A0 aufgehängt werden. Es gibt unterschiedliche Flip-Charts. Am bekanntesten sind: Dreifußmodell, das mobile Modell auf Rollen, oder das an der Wand auf einer Schiene bewegliche Modell. Selbst die für den Transport der Flip-Chart-Blöcke vorgesehenen Transporttaschen sind so umzubauen, dass sie eine Präsentation der Charts erlauben. Flip-Charts bieten darüber hinaus den Vorteil, dass die Schreibunterlage in der Regel aus Metall oder weißem Kunststoff besteht. Entfernt man den Flip-Chart-Block, so kann man die Fläche entweder als Magnet-Haftwand oder aber als weiße Tafel benutzen.

Vorteile:
- sauberes Arbeiten,
- farbige Filzstifte kontrastieren gut auf weißem Papier,
- beschriebene Blätter können aufbewahrt werden,
- beliebig viele Zeichnungen können vorbereitet werden,
- leicht zu transportieren,
- einzelne Blätter können mit Reißnägeln oder Tesakreppstreifen aufgehängt werden.

Nachteile:
- Augenkontakt zum Publikum beim Anschreiben,
- sehr begrenzte Schreibfläche,
- keine Löschung des Anschriebs möglich, es kann nur das ganze Blatt weggeworfen werden,
- Systemvielfalt (vorbereitete Blätter passen nur selten auf andere Tafeln, Ständer),
- Flip-Chart-Blöcke sind relativ teuer.

Mit Hilfe eines **Flip-Chart-Kopierers** (eines DIN A4 großen, 5 mm tiefen Geräts, das eine Kombination aus Kamera und Thermodrucker darstellt) kann der Anschrieb in ca. einer halben Minute als Papierkopie ausgegeben werden.

NEULAND, MICHÉLE; NEULAND, RUDOLF: Ein nützlicher Ratgeber für Flip-Chart-Benutzer. Eichenzell: Verlag für Lebendiges Lernen 1995

Steckwände (Pinnwände, Pinboards)

Steckwände gibt es in verschiedenen Formen; am häufigsten als Korkwände (bei kleineren Formaten), als (z. T. mit grünem Filztuch überzogene) Hartschaumtafeln (bei größeren Formaten). Steckwände eignen sich in erster Linie für die mobile Visualisierung mit Hilfe von Stecknadeln und Kärtchen. Von den Herstellern der Medien für die Moderationsmethode werden heute Pinnwände aus anspruchsvollen (teuren) Materialien und modischen Stoffdesigns angeboten.

Vorteile:
- im Vergleich zu den Hafttafeln preiswerte Utensilien,
- anstelle der teuren Kork- bzw. Hartschaumtafeln können auch relativ billige Styropor-Wände benutzt werden,

- Arbeitsergebnisse können „eingesammelt“ werden. Einige Pinnwände lassen sich auch zusammenklappen und sind somit etwas bequemer zu transportieren.

Nachteil:
- begrenzte Einsatzmöglichkeiten.

Wandzeitung, Poster, Plakat

Vorteile:
- Wandzeitungen sind ohne großen materiellen und finanziellen Aufwand herzustellen; in der Regel genügen Packpapier und Filzstifte,
- Wandzeitungen können die Struktur einer Präsentation verdeutlichen. Werden Wandzeitungen „offen“ gestaltet, können sie vom Publikum bearbeitet – z. B. ergänzt, kommentiert, umgestaltet – werden,
- Wandzeitungen können – vergleichbar der OH-Folie – eine gewisse Zeit immer wieder eingesetzt werden.

Nachteile:
- Bei Themen, die der Notwendigkeit ständiger Aktualisierung unterliegen, ist zu bedenken, ob der Arbeitsaufwand für die Erstellung in einem vernünftigen Verhältnis zum pädagogischen Nutzen steht.
- Bei sehr häufigem Gebrauch nutzt sich dieses Medium, was seine Materialbeschaffenheit anbelangt, freilich schnell ab.

Das „Multiboard“

„Three in one“, mit diesem Motto wirbt der Hersteller für ein Produkt, das drei Tafeln integriert: das Flip-Chart, das Pinboard und die weiße Tafel. Das Multiboard ist 120 x 75 cm; komplett montiert (mit Standbeinen) 185 x 85 cm groß.

3.2 Der Overhead-Projektor und OH-Folien

Ein selbstkritischer Vorspann:

Über den „Tanz der Folienmatadore“ schüttete ein foliengeplagter Zuhörer folgenden Spott aus:

> „... und mir wurde schlagartig klar, welche Erfindung in die Spitzengruppe der aussterbenswürdigen Gerätearten gehörte: der Overheadprojektor. Dieser notorische Banalitätenvergrößerer war aus den Präsentationen von langweiligem Tabellenmüll durch langweilige Referentendarsteller in langweiligen Anzügen nicht mehr wegzudenken. Wo früher die gute alte Tafel noch wenigstens den persönlichen Einsatz des Vortragenden erforderte, fadisieren heute die computerproduzierten seelen- und einfallslosen Präsentationsfolien den Zuleser.“
> MÖLLERS, RALPH: Im Namen der Torte. PC Professionell 1993, 1, S. 71 - 72

Welche Vorteile bieten der Overhead-Projektor und die OH-Folie?

Es sind sechs technische und sieben didaktische Vorteile.
Zunächst die sechs technischen Vorteile:

1. Der Dozent kann während der Präsentation **Blickkontakt** zu den Teilnehmern halten.
2. Der **Raum** braucht **nicht** – wie beim Einsatz von Diapositiven – **verdunkelt** zu werden.
3. Die Folien können mit wasserlöslichen und wasserfesten Stiften **beschriftet** werden.
4. Die Folien können **zu Hause** vorbereitet werden.
5. Die Folien können **aufbewahrt** und **beliebig oft wieder verwendet** werden.
6. Von den Folien können **beliebig viele Kopien**, sowohl Papier- als auch Folienkopien gemacht werden.

Die sechs technischen Vorteile gelten grundsätzlich. Die folgenden didaktischen Vorteile allerdings nur, wenn es dem Dozenten gelingt, gute Folien herzustellen.

Gute Folien:
- erzeugen **Aufmerksamkeit**,
- regen zum **Nachdenken** an,
- **motivieren** für die Sache,
- geben **Impulse**,
- **verdeutlichen** und visualisieren Sachverhalte,

- lassen durch den Gebrauch von Aufbau-, Unterleg-, Ergänzungs- und Figurinen-Technik eine **schrittweise Gedankenentwicklung** zu,
- haben einen hohen **Behaltenseffekt**.

Allerdings haben die Gegner des Mediums Overhead-Projektor in einem Punkt Recht: Ein übertriebener und zu langer Einsatz des Arbeitsprojektors ermüdet die Teilnehmer und reduziert die Wirkung des Gezeigten! Das hat aber das Gerät mit allen didaktischen Elementen gemeinsam: Ein Zuviel ist immer schädlich. Es kommt auf die richtige Menge an.

Wie gestaltet man Folien?

Seinen vollen Nutzen kann der Arbeitsprojektor erst dann bringen, wenn bei der Gestaltung der Folie bestimmte Regeln beachtet werden:

Regel 1: Nicht zu viele Folien zeigen!
So wie sich das Wort „Dia-Zirkus" für ein Zuviel an Dias, hat sich das Wort „Folien-Schleuder" für ein Zuviel an Folien als Schimpfwort etabliert. Es ist nicht möglich, *inhaltsneutral* eine Empfehlung über die Menge der in einer Informationseinheit, einer Unterrichtsstunde zu zeigenden Folien zu machen. Sie sollten allerdings immer die Anzahl der eingesetzten Folien unter den beiden Gesichtspunkten **„Informationsmenge"** und **„Präsentationsdauer"** kritisch überbedenken. *Weniger* Informationen und *längere* Präsentationszeit sind oftmals angebracht.

Regel 2: Informationsmenge begrenzen!
Eine Folie sollte nur so viel Informationen enthalten, wie ein Betrachter auf einen Blick erfassen und verstehen kann. Das ist in der Regel immer weniger als man selbst – als ein in der Sache kompetenter Dozent – vermutet.

Die folgende Abbildung ist ein Negativbeispiel. Die Folie ist völlig „überladen". Sie kann als Printmedium am Ende einer Informationseinheit zum Thema den Teilnehmern ausgehändigt werden. Es gibt aber m. E. kein vernünftiges Argument, den Sachverhalt in dieser Form als Folie zu präsentieren.

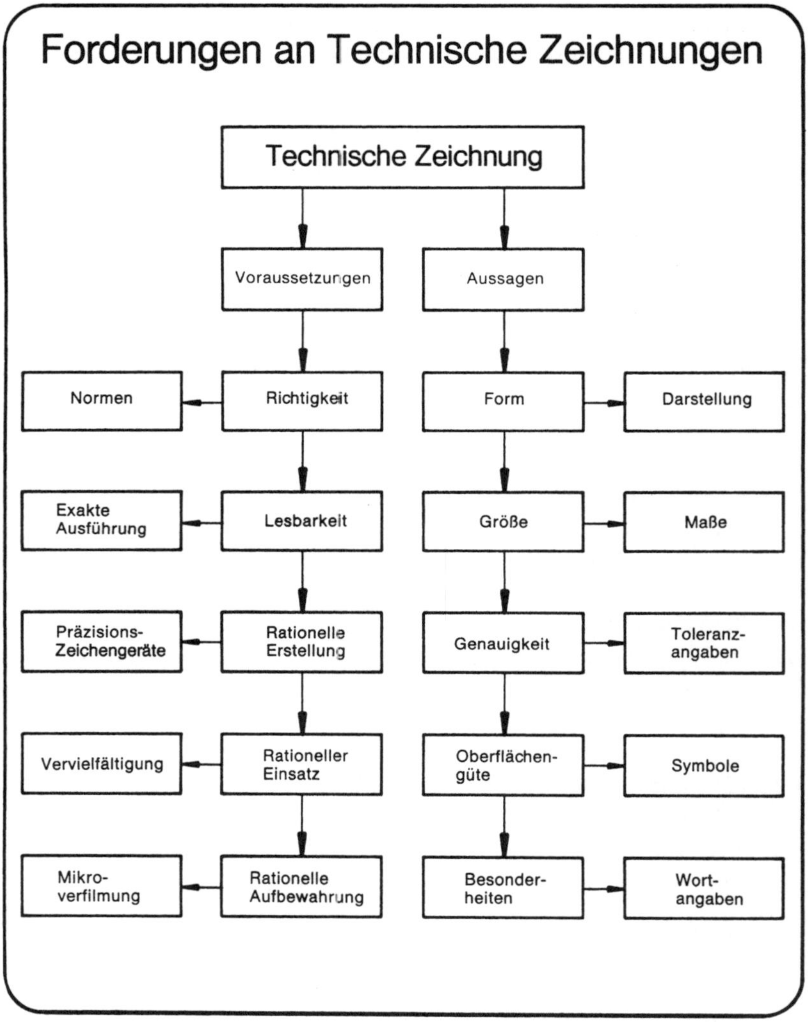

Der Textumfang sollte begrenzt werden. Auf eine Folie gehören Stichworte und Leitsätze und nur in begründeten Ausnahmefällen längere zusammenhängende Sätze.

Die Abbildung zeigt ein Negativbeispiel. Es ist die Folie eines Dozenten der Wirtschaftsinformatik einer deutscher Universität, der diese und noch weitere überladene Textfolien im World Wide Web anbietet.

Folie 9 – Homebanking heute

Absichtserklärung vieler Banken: Abwicklung von Bankgeschäften im Internet
Allerdings Einschränkung: entsprechende Sicherheitsstandards notwendig
Homebanking in Deutschland derzeit über T-Online (früher Datex-J/BTX): 1,7 Millionen Konten

Homebanking über T-Online bietet einen hohen Sicherheitsstandard:

1.Zugang nur mit Benutzernummer und Passwort (Identität des Benutzers feststellbar)
2. Zugriff auf Bankfunktionen erst nach Eingabe eines weiteren Passwortes (PIN)
3. Geldbewegungen (Überweisungen, Lastschriften) nur mit Transaktionsnummer (TAN)
4. Pro Auftrag wird eine TAN benötigt, die nach Gebrauch sofort ungültig wird

→ Missbrauch nur mit enormem Aufwand möglich und somit eher theoretischer Natur.

Die Internet-Provider AOL und Europe Online haben angekündigt, Homebanking anzubieten:

- AOL kooperiert mit der Direkt Anlage Bank: bisher nur der Kauf und Verkauf von Wertpapieren möglich. Weitere acht Banken sollen in den nächsten Wochen folgen.
- Europe Online will die kooperierenden Banken zu „gegebenem Zeitpunkt“ bekannt geben.

Aktuellste Entwicklung: Ankündigung der Hamburger Sparda-Bank, ein vollwertiges Girokonto im Internet anzubieten. Die Bank ist momentan überhaupt noch nicht im Internet vertreten.

Ein positives Beispiel ist hingegen folgende Abbildung. Der Autor – Hochschullehrer für Rechtswissenschaft – bietet seine Folien zu seinen Lehrveranstaltungen ebenfalls im World Wide Web an.

Moderne Logik

- „Wahrheitsfähige" Sätze
- Regeln der logischen Determination von Sätzen
  - logisch wahre Sätze
  - logisch falsche Sätze
  - logisch nicht determinierte, „erfüllbare" Sätze

- Aussagen- oder Junktorenlogik
- Quantoren- oder Prädikatenlogik erster Stufe
- Qantorenlogiken höherer Stufen

Prof. Dr. Helmut Rüßmann (http://rw20hr.jura.uni-sb.de)

Es gelten folgende *Faustregeln bzw. Erfahrungswerte*:

1. Vermeiden Sie **„nice-to-know"-Informationen**, also Informationen, die „nett, zu wissen" sind, aber zum Verständnis des Sachverhalts nichts beitragen!
2. Vermeiden Sie das **„ZWW"** („**Z**eigen, **w**as ich **w**eiß")-**Syndrom**! Zeigen Sie Ihrem Publikum nicht, dass Sie viel wissen, sondern nur die für Ihr Publikum wesentlichen Informationen!
3. Nicht mehr als **sechs bis neun Zeilen** untereinander schreiben!
4. Nicht mehr als **fünf bis sieben Wörter pro Zeile** schreiben!
5. Nicht mehr als **fünf bis sieben Einzelheiten** auf einer Folie unterbringen!
6. Die Folie nicht bis zum Rand beschriften, sondern an allen Seiten einen ca. **2 cm breiten Rand** lassen!

Grundsätzlich gilt: **Weniger ist mehr!**

Und noch ein Tipp: Wann immer es der darzustellende Inhalt zulässt, sollte man sich für das Querformat entscheiden. Nur so kann man sich vor unangenehmen Überraschungen (auf den Boden oder an die Decke projizierte Schrift) bei einer Präsentation in fremder Umgebung schützen. Denn beim Querformat hat man die Möglichkeit, die Folie auf der Projektionsfläche zu verschieben.

Regel 3: Gliederung/Struktur deutlich machen!
Textinformationen müssen gut gegliedert sein. Die Gliederung sollte man mit Hilfe typographischer Elemente, wie **Spiegelstrichen**, **Blickfang-Punkten**, **Pfeilen** usw. hervorheben. Doch auch hier gilt: Ein Zuviel an typographischen Elementen ist kontraproduktiv.

Die nächste Abbildung ist ein Negativbeispiel. Es gibt keinen Grund, den Kästen unterschiedliche Formen zu geben; sie mit unterschiedlichen Farben (hier als Grauraster dargestellt) und mit unterschiedlichen Schattierungen zu versehen. Der Blickfangpunkt innerhalb der Kästen ist überflüssig; ebenso die Schattierung der Kästen. Besonders ärgerlich ist die spitze Form der Kästen, die eine kausale Lesart nahelegt, aber sachlich nicht gerechtfertigt ist.

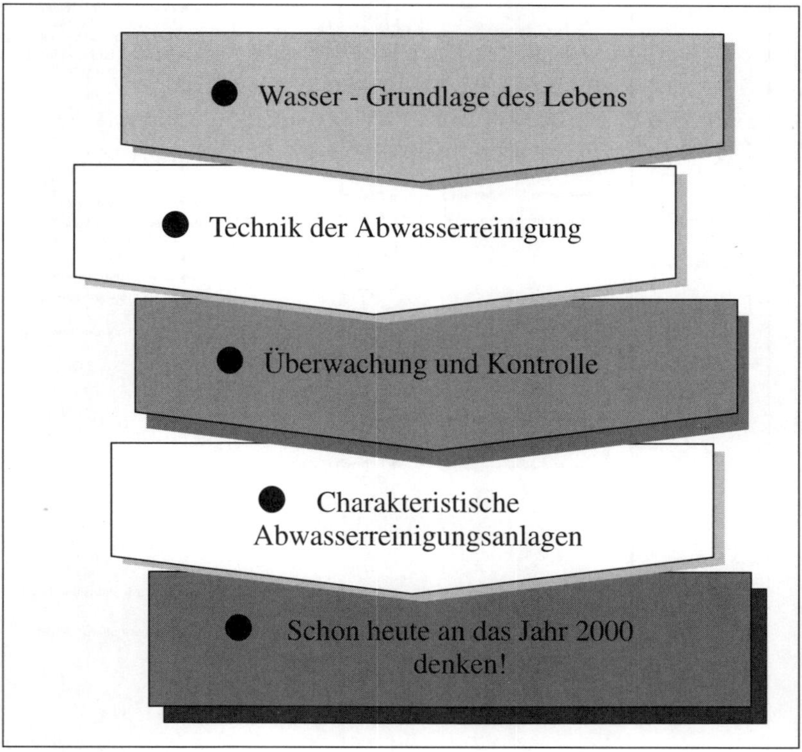

Grundsätzlich gilt: **Nutzen Sie alle typografischen Gestaltungsmöglichkeiten,** um die **inhaltliche Struktur** des zu vermittelnden Gegenstandes deutlich zu machen!

Regel 4: Schriftart und -größe beachten!
Zu den häufigsten „Projektions-Sünden“ gehört immer noch die Projektion einer aus einem Buch fotokopierten Textseite.

Diese Abbildung ist als Negativbeispiel leider keine Ausnahme, sondern immer noch die Regel. Sachverhalte, die für Printmedien aufbereitet wurden, werden ohne jede Überarbeitung (1:1) auf Folie übertragen. Im Original ist die Schrift 10 Punkt groß.

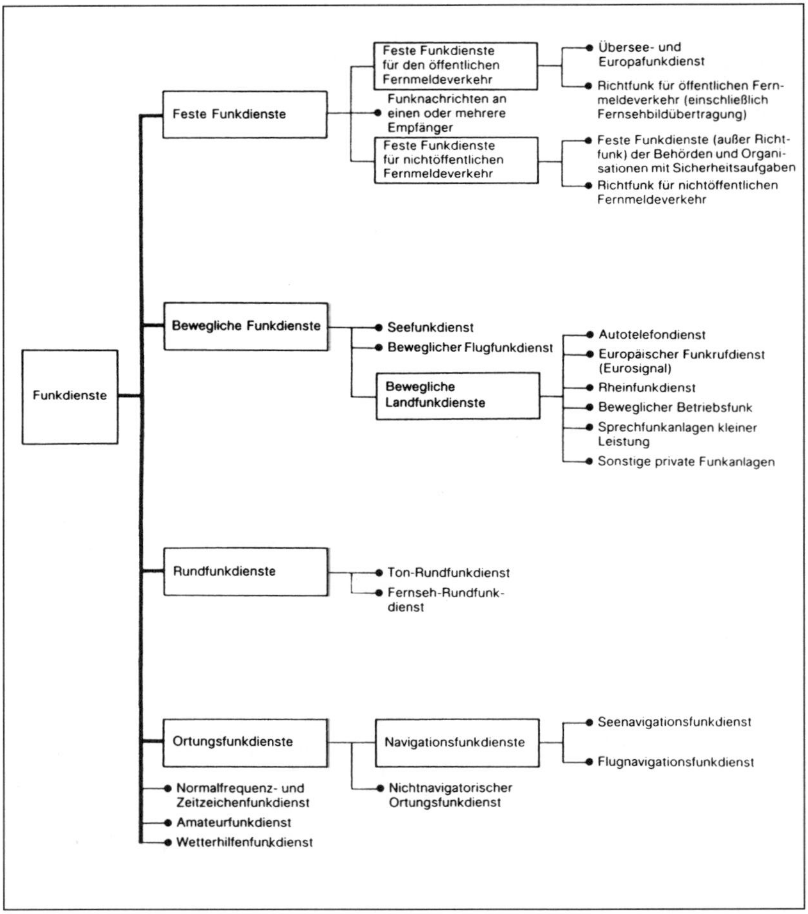

Grundsätzlich gilt: Die Schrifthöhe von Kleinbuchstaben sollte *mindestens 5 mm* (bzw. 18 Punkt) betragen. Hilfreich ist der **„Fußboden-Test"**: Wenn Sie die Folie auf den Fußboden legen, sollten Sie die Schrift bei aufrechter Stehhaltung lesen können. Bei handgeschriebenen Folien sollte man Druckschrift verwenden.
Faustregel: Fast jede Abbildung aus Printmedien, die Schrift enthält, muss, bevor sie auf Folie übertragen werden kann, bearbeitet werden.

Bei Folien, die mit Hilfe von Computer-Programmen erstellt werden, sollte man bei längeren Texten auf folgende Elemente verzichten:

> **VERSALIEN**
> ***Kursivschrift***
> Negativ-Schrift
> **alte Schriften (z.B. Fraktur)**

Bedenken Sie: Die mit einem Präsentations-Programm auf einem PC erstellten Folien wirken zwar sehr professionell, aber nicht jedes Publikum liebt diese Professionalität und nicht jeder Inhalt mag in solch professioneller Formgebung daherkommen. Eine gute Handschrift (Druckbuchstaben) wirkt häufig „sympathischer".

Grundsätzlich gilt: **Eine Schrift größer als 18 Punkt ist nie verkehrt!**

Regel 5: Farbe überlegt einsetzen!
Bei *Schriftfolien* sollte man **nicht mehr als drei Farben** verwenden. Die Farbe „Gelb" ist für Schrift unbedingt zu vermeiden. Im Gegensatz dazu ist „Gelb" für die Gestaltung von Flächen sehr zu empfehlen.

Welchen Stellenwert hat die Farbe? Man kann folgende Funktionen von Farbe unterscheiden:

1. Farbe ist **Mittel der Gliederung** (z. B. zusammengehörende Teile, Sachverhalte usw. in der gleicher Farbe).
2. Farbe ist **Mittel der Hervorhebung** (besonders in zweifarbigen Darstellungen geeignet).
3. Farbe als **Informationsträger** ist immer dann notwendig, wenn sie für das Verständnis des dargestellten Sachverhalts unerlässlich ist.
4. Farbe als **Lernhilfe**: Mit Farben verbinden Menschen immer bestimmte – kulturspezifische – Assoziationen; z. B. haben Farben im Bereich der Politik, der menschlichen Emotionen, im Straßenverkehr bestimmte Bedeutungen).

5. Und schließlich kann Farbe auch nur als **Zugabe** („etwas bunt machen") benutzt werden. In dieser Eigenschaft mag Farbe zwar zum Betrachten einer Folie motivieren, zum besseren Verständnis trägt sie allerdings nicht bei. Im Gegenteil: Bunte Darstellungen lenken häufig vom Wesentlichen ab und sind viel schwerer zu entschlüsseln.

Grundsätzlich gilt: **Farbe didaktisch-methodisch funktional einsetzen!**

Welche Präsentations-Techniken gibt es?

Beim Einsatz des Overhead-Projektors sind der Phantasie keine Grenzen gesetzt. Dennoch ist es sinnvoll, **sechs Grundtechniken der Präsentation** zu unterscheiden.

1. Einfache Schreibtechnik

Der Overhead-Projektor kann wie eine normale Tafel benutzt werden, um spontan wichtige Dinge festzuhalten. Hierzu bedarf es keiner weiteren Planung. Es wird auf der Folie alles festgehalten, was wichtig erscheint. Vor allem Rollenfolien eignen sich gut für

- das Festhalten von Diskussionsergebnissen und -Fragen,
- die Formulierung von Aufgaben und Arbeitsaufträgen,
- Hinweise verschiedener Art (z. B. Literaturhinweise, Begriffserklärungen).

Auch wenn für diese einfache Technik der Präsentation keine Vorbereitung nötig ist, so sollte man jedoch vorher prüfen, ob die Stifte „betriebsbereit" sind.

2. Aufdecktechnik

Bei dieser Technik wird die Darstellung mit einem Blatt Papier oder mehreren Papierstreifen abgedeckt und schrittweise enthüllt. Dieses Verfahren erlaubt eine gute Dosierung der Informationen und eine entsprechende Lenkung der Aufmerksamkeit. Bei dieser Technik sollte aber bedacht werden, dass die Zuhörer leicht den Eindruck bekommen können, man hielte sie für unmündig. Diese Präsentationstechnik erscheint aus der Sicht des Dozenten immer attraktiver als aus der Sicht der Zuhörer.
Wahrscheinlich wird die Aufmerksamkeit nicht geringer sein, wenn man den Zuhörern die gesamte Information präsentiert und die Aufmerksamkeit durch Zeiger, Zeigestab, Pfeile oder Ähnliches lenkt. Kurzum: Von dieser Technik ist – zumindest in der Erwachsenenbildung – dringend abzuraten.

3. Aufklapptechnik

Auch diese Technik arbeitet nach dem Prinzip des schrittweisen Informationsangebots. Durch das Hinzufügen neuer Informationselemente entsteht aber ein anderer – „sympathischerer" – Eindruck für die Zuhörer; es wird ihnen nichts vorenthalten. Bei der Aufklapptechnik werden mehrere Bildfelder der Reihe nach in einer vorab geplanten Folge präsentiert (technische Hilfe: Arbeitsrahmen; vgl. 6.). Grundsätzlich kann man den mit der Aufklapptechnik intendierten Effekt auch mit der in 5. beschriebenen Überlegtechnik erzielen. Wenn es aber darum geht, die einzelnen Bildfelder während der Präsentation mehrfach ein- bzw. auszuklappen, empfiehlt sich die Aufklapptechnik.

4. Unterleg-/Ergänzungstechnik

Bei dieser Technik liegt eine vorgefertigte Folie mit einem Grundmuster unter einer unbeschriebenen Folie (oder – sofern vorhanden – unter der Rollenfolie). Die unbeschriebene Folie wird während der Präsentation ergänzt. Die darunterliegende Folie mit dem Grundmuster bleibt unverändert und kann wieder verwendet werden. Den gleichen Effekt erhält man, wenn man die Folie mit dem Grundmuster mit wasserfesten Stiften beschriftet, die Ergänzungen hingegen mit wasserlöslichen Stiften hinzufügt.

5. Überleg-(Aufbau-, Overlay-)Technik

Diese Technik ist besonders anschaulich und gut geeignet, einen komplizierten Zusammenhang zu erläutern. Durch Übereinanderlegen mehrerer Folien wird das Schaubild schrittweise aufgebaut. Dabei können bis zu acht Folien (Stärke 0,08 mm) übereinandergelegt werden, bevor es zu einem nennenswerten Helligkeitsverlust kommt.

Sehr dünne Folien (0,08 mm) haben zwar den Vorteil größerer Lichtdurchlässigkeit, es ist aber der Nachteil zu beachten, dass dünne Folien durch die Wärmeeinwirkung schneller wellig werden, es somit zu einer unscharfen Projektion kommen kann.

Bei der Überlegtechnik sollte weiter darauf geachtet werden, dass die Folien bei der Präsentation tatsächlich so übereinander liegen, wie es der Planung entspricht. Um dies zu erreichen, bedarf es einiger Hilfen. Will man nicht mit mechanischen Mitteln (z. B. System- oder Arbeitsrahmen) arbeiten, empfiehlt es sich, alle Folien an zwei gleichen Stellen (z. B. linke obere und rechte untere Ecke) mit einer Markierung (z. B. Kreuz) zu versehen. Dies ermöglicht eine schnelle Einpassung bei der Präsentation.

6. Figurinentechnik (Kombination von Strukturteilen/Elementen)

Hierbei wird eine Folie mit einer Schere in verschiedene Teile zerlegt, die der Reihe nach aufgelegt werden. Ebenso wie bei der Überlegtechnik ist es das Ziel dieser Technik, einen Sachverhalt schrittweise zu entwickeln. Hinzu kommt aber noch der Vorteil, dass die verschiedenen Elemente oder Figuren auf der Arbeitsfläche des Projektors nach Belieben bewegt (also z.B. Prozesse, Abläufe, Bewegungen simuliert) werden können. Zwei Beispiele:

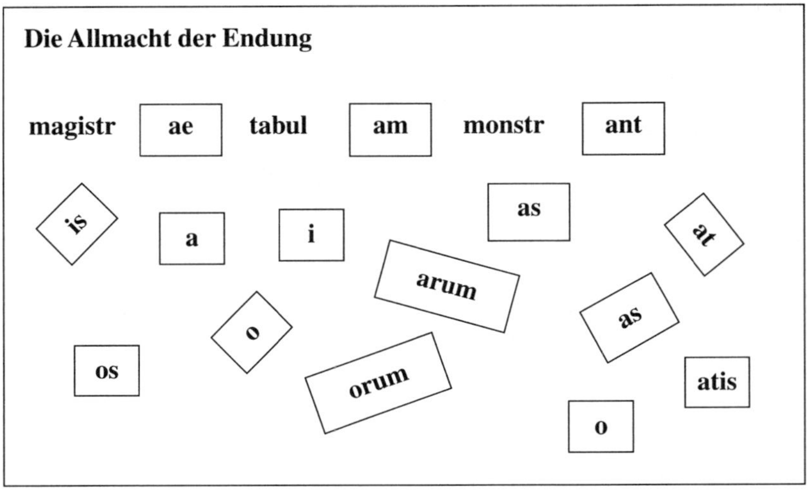

Das Beispiel zeigt eine Anwendung aus dem Latein-Unterricht; das Prinzip kann grundsätzlich auf das Erlernen jeder Fremdsprache angewendet werden. Auf der Grundfolie steht der aus drei Worten bestehende Satz, auf den Figurinen stehen die jeweiligen Endungen. In diesem Beispiel sind die Lernenden aufgefordert, durch das Austauschen der Endungen möglichst viele sinnvolle Sätze zu bilden. (Müller 1983, S. 51)

Im folgenden Bild wird die Einlagerung von Waren in ein Hochregallager veranschaulicht. Die Grundfolie bildet schematisiert die Funktionsbereiche des Hochregallagers ab. Die Figurine besteht aus einem Warenpaket. Die mündliche Beschreibung des Einlagerungsvorgangs verläuft parallel zum Verschieben des Warenpakets.

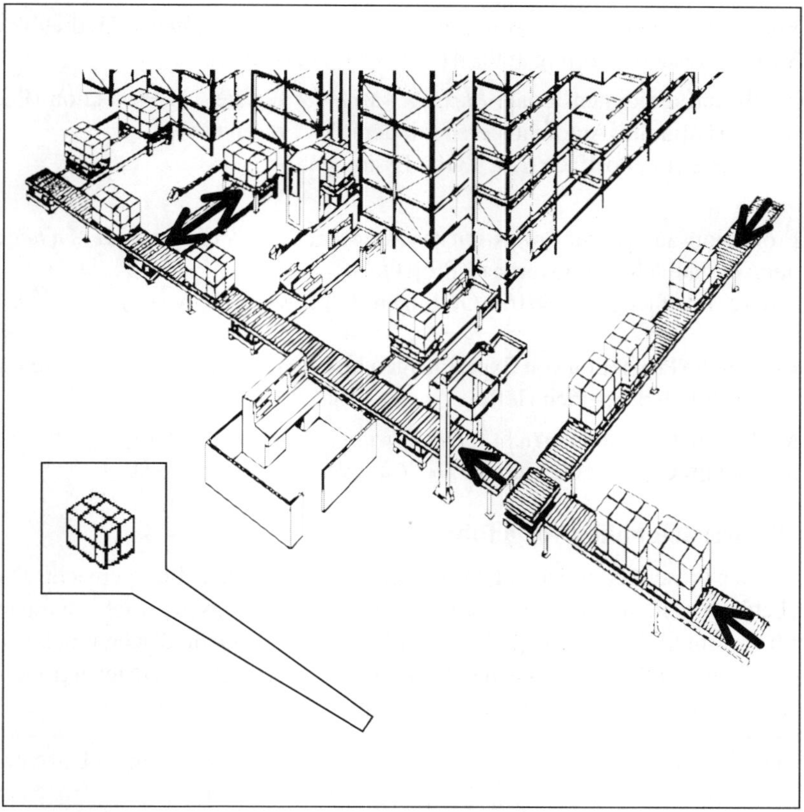

Außerordentlich inspirierend für die Anwendung der Figurinentechnik sind die beiden folgenden Beiträge:

MÜLLER, WERNER: Der Tageslichtprojektor im Lateinunterricht. Eine Einführung mit praktischen Beispielen. Bamberg: Buchner 1981

TREITZ, NORBERT: Bewegliche Folienmodelle für die Sekundarstufe I. *Naturwissenschaften im Unterricht (Physik/Chemie)* 28, 1980, 10, S. 321 - 339

Neben diesen sechs Präsentations-Techniken gibt es noch einige **fach- bzw. gegenstandsspezifische Spezialfolien**(-Präsentationsformen), die vor allem im natur- und ingenieurwissenschaftlichen Bereich eingesetzt werden. Es sind dies:

Folien zur *Simulation von Strömungs- und Bewegungs-Effekten* (Hydraulik)
Vickers Systems, Frölingstraße 41, 61348 Bad Homburg

Zwei- und dreidimensionale *Plexiglas-Modelle* für die OH-Projektion (Pneumatik, Hydraulik, Automatisieren mit dem PC, Fräsen usw.)
Festo Didactic, Postfach 624, 73703 Esslingen

WWW Projektionsaufsatz zur *Projektion von Reagenzglas- oder Küvettenversuchen* auf der Arbeitsfläche des Overhead-Projektors
Phywe, Postfach 3062, 37020 Göttingen (http://www.phywe.de)

- Über die Projektion von Experimenten im Chemieunterricht informieren sehr ausführlich die beiden Hefte:

Medien im Chemieunterricht I. *Der Chemieunterricht* 10, 1979, 1
Medien im Chemieunterricht II. *Der Chemieunterricht* 11, 1980, 1

Wie werden Folien vorgeführt?

Bei der Präsentation der Folien werden immer wieder Fehler gemacht. Diese „Fehler" werden aber von vielen Lehrenden keineswegs als solche betrachtet. Im Gegenteil, manch ein „Fehler" wird geradezu als methodische Finesse ausgezeichnet und dementsprechend verteidigt. Ich will diese „Gegenargumente" zu Wort kommen lassen, auch wenn sie mich nicht überzeugen.

Der Dozent sollte ...	Und das meinen manche Dozenten: Er sollte / kann ...
... neben dem Projektor sitzen oder seitlich hinter dem Projektor stehen. Er sollte nicht im Projektionslichtkegel stehen!	... die „steife" Sitz- bzw. Stehhaltung gegenüber einer „dynamischen Umhergehhaltung" aufgeben!
... auf der Schreibfläche des Projektors und nicht auf der Projektions-Wand demonstrieren!	... die Projektionswand (und selbst wenn es sich in Ermangelung einer solchen nur um die Tapete handelt) wie eine Tafel behandeln und auf ihr mit dem Zeigestab oder mit dem Finger demonstrieren!

... für die Demonstration einen speziellen Zeigestab, einen dünnen Stift oder einen aus Pappe geschnittenen Pfeil benutzen. Diese Hilfsmittel werden auf die Folie gelegt und dort bewegt.	... sich durchaus vom Projektor und der Projektionswand entfernen und mit dem Finger auf die Projektionswand deuten!
... sich den Zuhörern zuwenden und nicht zur Projektionsfläche sprechen!	...sich an seiner Folie begeistern, d. h. wenn er schon sitzt, dann bitte schön mit dem Rücken zum Publikum und dem Gesicht zur Projektionswand!
... die Folie nur so lange projizieren, wie über ihren Inhalt gesprochen wird!	
... genügend Zeit zum Abschreiben lassen!	
... niemals zum Abschreiben auffordern, wenn der Raum verdunkelt ist!	

Je nach Raumgröße sind der Sitzplatz des Vortragenden und der Aufstellungsort des Projektors zu verändern. Eine technische Neuentwicklung ist das **Folieneinzugsgerät**. Hierbei handelt es sich um einen Aufsatz, der auf jeden Overhead-Projektor passt und mit dessen Hilfe bis zu 30 Folien im Hoch- oder Querformat per Fernbedienung präsentiert werden können.

Wie sollte die Projektionswand beschaffen sein?

In der Regel kann man die lokalen Präsentations-Bedingungen kaum beeinflussen. Leider findet man nicht immer optimale Bedingungen für die Projektion. Andererseits ist der Arbeitsprojektor ein so flexibles Medium, dass er auch unter Bedingungen eingesetzt werden kann, die nicht dem Ideal entsprechen. Im Idealfall wird auf eine *Projektionswand* projiziert, ist die Projektionswand über der Kopfhöhe des Vortragenden und vor allen Dingen *schräg* angebracht, wodurch trapezförmige Verzerrungen der Abbildung vermieden werden.
Für das Verhältnis **„Breite der Projektionswand und Abstand des am weitest entfernten Betrachters“** gilt die *Faustregel*: Die Entfernung von der Projekti-

onswand bis zur letzten Zuhörer- / Betrachter-Reihe soll sechsmal so groß sein wie die Projektionswand breit ist. Beispiel: Ist das Projektionsbild 2 Meter breit, sollte der Betrachter in der letzten Reihe höchstens 12 Meter entfernt sein.

Welche Medien und Werkzeuge helfen bei der Herstellung?

Das wichtigste Medium sind natürlich die **Folien**! Es können unterschieden werden:

Klarsichtfolien	Diese Folien gibt es in den Stärken 0,08 mm bis 0,12 mm. Sie eignen sich zum handschriftlichen Beschriften und Zeichnen. Man sollte grundsätzlich nur Folien nehmen, die uneingeschränkt lichtdurchlässig sind. Benutzt man Folien mit nicht vollständiger Lichtdurchlässigkeit, kommt es zu Lichtverlusten (z.B. bei der Überlegtechnik) oder auch zu Farbveränderungen. Bei den Klarsichtfolien werden Polyester- und Acetat-Folien unterschieden: Polyesterfolien sind reißfester und ermöglichen eine größere Strichschärfe; Acetat-Folien sind dagegen billiger und hitzebeständiger.
Durchschreibfolien	Diese Folien bestehen aus zwei Lagen: einem Blatt Papier und einer Folie, die auf der Kontaktseite zum Papier beschichtet ist. Die Projektions-Wand wird auf der Papierseite beschriftet, auf der Folie entsteht dann die Durchschrift. Durchschreib-Folien eignen sich zum Zeichnen und Beschriften mit der Hand bzw. der Schreibmaschine. Schreibmaschinenschrift ist allerdings in der Regel zu klein für Folien.

Folien mit vorgedruckten Rastern	Im Fachgeschäft erhält man Folien mit verschiedenen Rastern, z. B. Linien, Karos, Notenlinien, Millimeterlinierung.
Kopierfolie	Die normalen Folien eignen sich nicht zum Kopieren, d. h. es können keine Kopien vom Papier auf Folie gebracht werden. Benutzt man versehentlich Schreibfolien im Photokopierer, so wird dieser schwer beschädigt: Die Folie verbrennt im Gerät! Zum Kopieren müssen deshalb spezielle Folien verwendet werden.
Testfolien	Um die Abbildungsqualität und die Bildausleuchtung des benutzten Arbeitsprojektors zu testen, kann man spezielle Testfolien verwenden, die ähnlich wie das Testbild im Fernsehen erkennen lassen, ob die Bildqualität ausreichend ist. Testfolien können von verschiedenen Herstellern von Arbeitsprojektoren bezogen werden (z. B.: von den Firmen Demolux und Liesegang).
Folien für Laser- und Tintenstrahldrucker	Für *Laserdrucker* empfiehlt sich die Verwendung von hierfür vorgesehenen Spezialfolien. Grundsätzlich kann man zwar jede Kopierfolie auch in einem Laserdrucker benutzen, die Ergebnisse sind aber in aller Regel nicht oder zumindest nicht so gut wie bei Verwendung der Spezialfolien. Für *Tintenstrahldrucker* gilt dies in ganz besonderer Weise. Gute Resultate lassen sich hier nur mit der Verwendung der speziell für diesen Druckertyp bestimmten Folien erzielen.

Bisher war nur von Folien die Rede, also von den Trägern der Information. Mit welchen **Werkzeugen** kommt die Information auf die Folie? Die wichtigsten Werkzeuge sind:

OH-Stifte	Es gibt wasserfeste und wasserlösliche Stifte, beide in fünf verschiedenen Strichstärken von „sehr fein“ bis zu „Plakat“ (SF, F, M, B, P) und acht verschiedenen Farben. Die Strichstärke ist den Schreibern aufgedruckt. **Achtung:** OH-Stifte trocknen sehr schnell aus, deshalb sollte man sie nach Gebrauch immer sofort schließen und nicht auf die Arbeitsfläche des Projektors legen.
Schrifthilfen	Ein großes Problem ist sehr häufig die Schrift auf der Folie. Durch die starke Vergrößerung auf der Leinwand wirkt sich eine nicht sehr sorgfältige Schrift besonders gravierend aus. Mit einigen Hilfsmitteln kann dieses Problem jedoch gelöst werden. Soll die Folie mit der Hand beschriftet werden, empfiehlt es sich auf jeden Fall, einen karierten oder linierten Bogen (Rechen- bzw. Schreibpapier) vor der Beschriftung unter die Folie zu legen. Eine sehr sorgfältige Schrift ergibt sich ebenfalls durch die Verwendung von Schriftschablonen. Dieses Verfahren ist zwar etwas umständlicher und bedarf einiger Übung, ergibt aber ein zufriedenstellendes Ergebnis. Ein besonders sauberes Schriftbild erhält man durch die Verwendung von Abreibebuchstaben und Symbolen. Im Handel gibt es sehr viele verschiedene Schriftarten und fertige Symbol-Samm-

	lungen, die ohne großen Aufwand für die Gestaltung von Folien herangezogen werden können. Allerdings: Abreibebuchstaben sind teuer und die Beschriftung ist äußerst zeitaufwendig. Schließlich sollte noch auf die einfachste und – auf Dauer – billigste Schrifthilfe hingewiesen werden: Mit Hilfe des Personal-Computers und der entsprechenden Grafik-Programme lassen sich sehr gute Schriftfolien erstellen.
Mal- und Zeichenhilfen	Viele Dozenten behaupten von sich, sie könnten nicht sauber genug malen oder zeichnen, um ihre Folien grafisch zu gestalten. Man braucht jedoch kein Zeichentalent zu sein, um Folien ansprechend zu gestalten. Vorlagen lassen sich sowohl bequem auf Folien „abpausen", als auch in Folien hineinkopieren. Mit Tipp-Ex, Schere und Kleber können beliebige Vorlagen so gestaltet werden, dass sie der eigenen Aussage entsprechen. Sehr nützlich sind auch Bildelemente zu bestimmten Bereichen (sogenannte „Schnippel-Bücher"; Literaturangaben vgl. Abschnitt „Bildarchive" auf S.154), die von verschiedenen Institutionen und Verlagen angeboten werden.
Arbeitsrahmen	Zur Montage bei der Überlegtechnik und zur Aufbewahrung von Folien eignen sich Arbeitsrahmen, in die die Folien eingepasst werden. Die Arbeitsrahmen haben allerdings den Nachteil, dass sie überformatig und deshalb schlecht aufzubewahren sind.

OH-Zirkel	Für die saubere Darstellung von Kreisen stellt der Handel einen speziellen OH-Zirkel zur Verfügung, der das Einspannen der OH-Stifte erlaubt. Mit etwas Geschick lässt sich aber auch ein normaler Zirkel zu einem OH-Zirkel umrüsten.
Systemrahmen	Ein Systemrahmen ist ein Plastikrahmen im Format DIN A4, in den mehrere Folien übereinander gelegt werden können. Er eignet sich aufgrund der Passgenauigkeit bei der Präsentation von Aufbaufolien.
Selbstklebende Farbfolien	Sie eignen sich hervorragend, um Folien farbig zu gestalten. Vor allem größere Flächen sollte man mit selbstklebender Farbfolie ausfüllen und nicht mit OH-Stiften ausmalen: Mit OH-Stiften erzielt man keine gleichmäßige Färbung der Fläche!
Zeigestab, „Lupe“	Die Erläuterung von Folien sollte stets auf der Folie geschehen. Man kann dazu einen Bleistift verwenden, der auf die Folie gelegt wird, man kann sich aus Pappe einen kleinen Pfeil schneiden, den man auf der Folie bewegt. Man kann allerdings auch einen speziellen OH-Zeigestab aus Plexiglas verwenden. Dieser Zeigestab hat den Vorteil, dass er nicht das Bild verdeckt. Um die Aufmerksamkeit des Publikums auf einen bestimmten Ausschnitt der Folie zu konzentrieren, empfiehlt sich der Einsatz einer aus Karton ausgeschnittenen „Lupe“ (s. nachfolgende Abbildung).

Sonstiges	Zu den selbstverständlichen Werkzeugen der Foliengestaltung gehören schließlich noch ein Cutter(Designer)-Messer, Lineal, Pinzette, Tipp-Ex und Kleber.

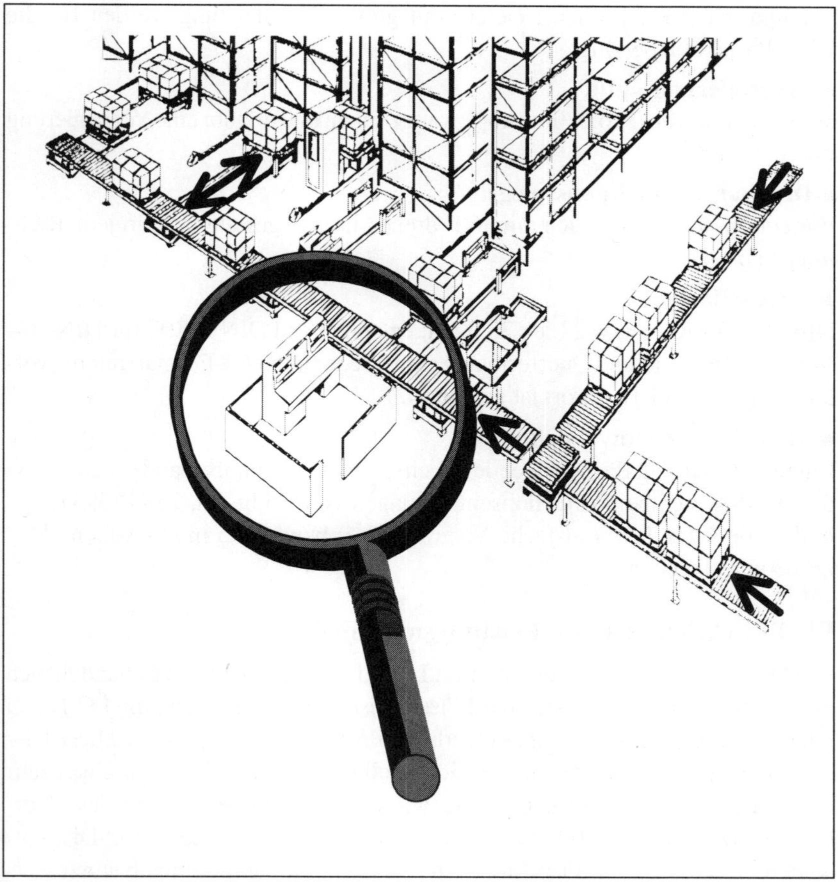

Die wichtigsten Regeln und Empfehlungen sind in der am Ende dieses Kapitels stehenden Checkliste nochmals zusammengefasst.

Technische Leistungsmerkmale von Overhead-Projektoren

- **Lampenart**

Man unterscheidet Halogen- und die leistungsstärkeren und dem Tageslicht ähnlicheren Metalldampflampen (250 - 575 W).

- **Lichtstrom (Helligkeit)**

Leistungsstärkste Geräte: ca. 10000 Lumen, Halogenlampen bringen es auf maximal ca. 5000 Lumen); Geräte mit großer Lichtleistung werden für die LCD-Projektion benötigt.

- **Vergrößerungsoptik**

Wird unterhalb des Projektionskopfes angebracht und erlaubt eine Vergrößerung bis zu ca. 50%.

- **Drehbarer Projektionsspiegel**

Projektionsspiegel, die sich um 360° drehen lassen, gestatten es, in jede Richtung zu projizieren.

- **Arbeitsfläche**

DIN-A4-Vollformat (= 28,5 x 28,5 cm; entsprechend DIN 00108 für DIN-A4-Vorlagen im Hoch- und Querformat geeignet) oder DIN-A4-Format (nur für Vorlagen im DIN-A4-Hochformat geeignet).

- **Motorische Zoomverstellung**

Eine auf der Arbeitsfläche liegende Arbeitsplatte kann gehoben und gesenkt werden, so dass sich bei Projektionsentfernungen von 1,5 bis ca. 7 m Projektionsbilder von 1,1 x 1,1 m (4-fache Vergrößerung) bzw. 5 x 5 m (17,8-fache Vergrößerung) ergeben.

PC-Projektions-Panels (Leistungsmerkmale)

LCD ist die englische Abkürzung für „**L**iquid **C**rystal **D**isplay“; es handelt sich hierbei um ein Gerät, das sich der Flüssigkristalltechnik bedient, um PC-Daten oder Videobilder mit Hilfe eines Overhead-Projektors zu projizieren. Diese Displays verfügen über keine eigene Lichtquelle und sind deshalb auf einen sehr lichtstarken Overhead-Projektor angewiesen. Die Lampenleistung des Overhead-Projektors sollte 4000 Lumen (mehr als 500 Watt) betragen. LC-Displays sollten deshalb nur mit Projektoren mit einer Metalldampflampe benutzt werden.

Bei der *Anschaffung* von LC-Displays sollten Sie auf einige Leistungsmerkmale achten. Es sind dies:

Anschlüsse	Neben Anschlüssen für den PC und den Monitor sind auch Anschlüsse für die Maus, Video und Audioquellen vorhanden. Das sog. „Y-Kabel“ ist ein „Muss“; es erlaubt den Anschluss des Displays **und** des PC-Monitors.
„Aktiv-Matrix-Dislpays“	Diese sind kontraststark und sind auch für Projektion bewegter Bilder geeignet („TFT“-Technik).
Echtzeitdarstellung	bedeutet: Anzahl der darstellbaren Farben bis zu 16,7 Mill.
Bildauflösung / Bildaufbau	von 640 x 480 bis 1280 x 768
Fernbedienung	Mit Hilfe einer Fernbedienung können verschiedene Funktionen der Displays angesprochen werden. Zu den wichtigsten gehören: • **Clear-Funktion:** Das Projektionsbild im LC-Display wird gelöscht. Damit ist die Möglichkeit gegeben, auf das Display eine OH-Folie zu legen. • **Pointer:** Roter, eingeblendeter, Punkt, der als Zeiger fungiert • **Magnify-Funktion:** Bildsegmente und Fenster lassen sich vergrößern. Diese Funktion ist insofern besonders wichtig, als die Datenprojektion via LC-Display in der Regel nicht den für OH-Folien geltenden Anforderungen entspricht. • **Reveal-Funktion:** Eine „elektronische“ Abdecktechnik; einzelne Display-Teile können abgedeckt werden.

Vertiefende Literatur:

GRAU, WOLFGANG; HEINE, HUGO: Projizierte Bilder in Vorträgen. Eine kommentierte Checkliste für Vortragende. Berlin, Köln: Beuth 1982

WITTE, ADOLF (Hg.): Handbuch zur Arbeitsprojektion – Technische, methodische, didaktische und ökonomische Handreichung für den Einsatz des Arbeitsprojektors zur Steuerung von Lernprozessen. Schwäbisch Gmünd: Lempp 1974 (2. Aufl.)

Die folgende Checkliste fasst die wesentlichen Merkpunkte bei der Arbeit mit dem Overhead-Projektor zusammen.

Checkliste: Erstellung der Folie

Allgemein gilt:

- **Informationsmenge** bedenken (Weniger ist meist mehr!).
- **Schrift** mindestens 5 mm!
- **Farbe** funktional statt bunt!
- **Typographie** als Mittel der Strukturierung verwenden!
- **Überschrift**, Titel angeben!
- **Rand** von 2 cm an allen Seiten lassen!
- **Querformat** vor Hochformat (wenn möglich)!

Für Folien, die primär informieren wollen, gilt:

- Reduzierung auf das Wesentliche,
- das Wesentliche in die Bildmitte,
- flächenmäßig am größten,
- verständliche Bildsprache,
- Sehgewohnheiten berücksichtigen (von links nach rechts, von oben nach unten)!

Präsentationstechnik bedenken!

Aufbau-, Ergänzungstechnik sind bei der Darstellung von komplexen Sachverhalten zu verwenden; Abdeck- und Aufdecktechnik sollten vermieden werden!

Folien-Typ beachten!
Grundsätzlich sind zu unterscheiden: Schreib- und Kopierfolien. Schreibfolien niemals in ein Fotokopiergerät oder einen PC-Drucker legen! Für PC-Laser-Drucker und Tintenstrahldrucker sollten dafür vorgesehene Spezialfolien verwendet werden!

Aufbewahrung
(vor allem von Laserdrucker-Folien) in Spezialhüllen für OH-Folien!

Vor der Präsentation (zu Hause)
- Reihenfolge der Folien festlegen!
- Aufstellung des Projektors klären!
  - auf dem Tisch: Vortrag überwiegend im Stehen!
  - in Tischhöhe: Vortrag überwiegend im Sitzen!

Vor der Präsentation (vor Ort)
- 30 Minuten vorher erscheinen!
- OH-Stifte ausprobieren!
- Projektor ausprobieren!
- Folie auflegen und Schärfe und Helligkeit einstellen!
- Projektionsfläche des Overhead-Projektors säubern!
- Auflegbaren Zeigestift oder -pfeil bereitlegen!

Während der Präsentation:
- Optimal: Projektionsfläche ist 45° geneigt!
- Nicht im Projektionsstrahl stehen!
- Demonstrationen nur auf der Projektionsfläche des Overhead-Projektors!
- Nicht zur Projektionswand sprechen!
- Keine Demonstration (mit dem Finger oder einem Zeigestab) an der Projektionsfläche!
- Projektor nur angeschaltet lassen, solange über die Folie gesprochen wird!
- Folien nicht zu schnell wechseln!
- „Folienschleuder“ vermeiden (also nicht eine Folie nach der anderen auflegen)!

3.3 Dia-Projektion

Die technische Entwicklung ist bei diesem Medium bereits so weit fortgeschritten und differenziert, dass die Aufzählung einiger
- didaktischer Aspekte des Einsatzes,
- technischer Leistungsmerkmale von Dia-Projektoren,
- Faustregeln zur Dia-Archivierung genügt.

Vorab sei angemerkt: Auch der Einsatz des Dia-Projektors, vor allem aber die Gestaltung der Dia-Positive werden maßgeblich vom Zweck der Präsentation, vom Unterrichtsziel bestimmt. Ob man Schärfe und Unschärfe, Licht und Schatten, wechselnde Perspektiven, wechselnde Platzierung des Bildschwerpunkts auf der Bildfläche, Überblendungen usw. als Gestaltungsmittel einsetzen oder vermeiden soll, ist immer eine Frage des Ziels, das man erreichen möchte. Wenn Sie Dia-Positive einsetzen, sollten Sie die folgenden Gesichtspunkte immer bedenken:

Didaktische Aspekte des Einsatzes von Dia-Projektoren

Grundsätzlich sollten Sie Dias zeigen,
- wenn realistische Abbildungen statischer Objekte oder
- informationsreiche Phasen von Szenen und Abläufen zu zeigen sind.

Sie sollten *keine* Dias zeigen, wenn
- nur Wörter zu zeigen sind,
- der Raum nicht ausreichend zu verdunkeln ist,
- die Beteiligung des Auditoriums wichtig ist,
- der Blickkontakt zum Publikum wichtig ist.

Zu einzelnen Gesichtspunkten:

Bildwechsel. Per Hand oder automatisch? Das Einlegen der Dias während der Vorführung hat den Vorteil, dass flexibel (der Unterrichtssituation angepasst) entschieden werden kann, welche Dias gezeigt, welche weggelassen werden können, oder ob Dias umgestellt werden müssen. Achten Sie stets darauf, dass die Dias seitenrichtig eingelegt werden!

Format. Ein häufiger Wechsel des Dia-Formats (Quer- und Hochformat) wird vielfach als störend empfunden. Wenn es der Gegenstand zulässt, sollte mit nur einem (dem Quer-)Format gearbeitet werden.

Bild-Kommentare. Achten Sie darauf, dass durch die gleichzeitige Präsentation von Bild und Kommentar die Aufmerksamkeit nicht zu stark geteilt wird (also z. B. der Kommentar so schwierig ist, dass ihm die ganze Aufmerksamkeit

gewidmet werden muss und ein bewusstes Wahrnehmen des Bildes dadurch nicht mehr möglich ist).
Und: Vermeiden Sie Ton-Bild-Scheren, d. h. ein unangemessenes Verhältnis zwischen Textmenge und Standzeit des Bildes. Sprechen Sie auf der einen Seite nicht zu lange zu einem Bild. Auf der anderen Seite sollte das Dia – vor allem wenn die Lernenden aktiv in die Betrachtung einbezogen sind (also aufgefordert sind, das Gezeigte zu kommentieren) – nicht zu kurz gezeigt werden.

Überblend-Projektion nennt man eine Technik, mit zwei Projektoren, die mit einem Überblend-Gerät verbunden sind, zu projizieren. Mit dieser Technik kann nicht nur die störende Dunkelphase vermieden werden (zumindest die Lampe *eines* Projektors leuchtet immer), sie bietet darüber hinaus vor allem zwei *didaktische Vorteile*:
- zeitliche oder inhaltliche Sequenzen (z. B. Prozessabläufe, Bewegungsstudien) können anschaulicher dargestellt werden,
- die Überlagerung zweier Dias ermöglicht es, unvollständige Abbildungen zu ergänzen, Teile einer Abbildung hervorzuheben, Texte, Symbole usw. einzublenden.

„Colour camouflage" vermeiden! Vermeiden Sie folgende Farbkombinationen: gelb auf weiß, blau auf grün, rosa auf rot).

Kleines Glossar „Diaprojektion"

Technische Leistungsmerkmale

Anschlüsse	Tonband und RS 232 Schnittstelle (für PC-Anschluss)
Autofade	„Weicher" Übergang beim Diawechsel, d. h. die Helligkeit wird reduziert bevor das nächste Dia projiziert wird.
Autofocus-System	(auch „override controll" genannt) Automatische exakte Scharfeinstellung
Auto-Timer	Reguliert bei einer automatisch ablaufenden Dia-Vorführung die Vorführzeit eines Dias.

Datenmonitor	Ein Display gibt Auskunft über Dianummer, Lampenhelligkeit, Überblendfunktionen usw.
Diawechselzeit	0,5 bis max. 1,5 Sekunden
Direkte Dia-Anwahl	Bestimmte Dias werden automatisch gesucht und innerhalb weniger Sekunden (ca. 3 Sekunden) projiziert.
Dual Lamp System	Zwei-Lampen-System; für den Fall, dass eine Lampe ausfällt.
Lampenleistung	250 - 400 Watt; 250-Watt-Lampen reichen aus, um in einem abgedunkelten Raum Dias auf 3 m Breite zu projizieren.
Lichtzeiger	„Laser-Pointer", die einem ermöglichen, von jedem beliebigen Standort aus, auf der Projektionsfläche Objekte anzuzeigen.
Multimagazin-System	Verschiedene Dia-Magazin-Systeme lassen sich verwenden (LKM-, Univeral-, CS-Systeme); leider gibt es keinen Standard!
Objektive	Sind bei den meisten Geräten austauschbar, so dass ein Anpassen des Abstands von Projektor und Projektionsfläche jederzeit möglich ist.
Programmierung	Diavorführungen lassen sich mit verschiedenen externen Audio-Geräten verbinden (Tonband-Gerät, Kassetten-Rekorder); die Steuerung kann entweder extern (über elektronische Steuergeräte) oder intern (über ein in den Diaprojektor eingebautes Steuergerät) geregelt werden.
Programm-Timer	Ermöglicht es, aus einer Dia-Reihe eine Sequenz auszusuchen und eine bestimmte Zeit zu projizieren.

Faustregeln für die Dia-Archivierung

Vermeiden ...	**Nutzen ...**
... Sie alle chemischen, biologischen und physikalischen Faktoren, die Ihre Dias schädigen können.	... Sie die vorliegenden Hinweise, den Rat von Fachleuten und die einschlägige Literatur, um präventiv, defensiv und konservatorisch zu wirken.
... Sie schlechte klimatische Bedingungen sowie insbesondere Klimaschwankungen.	... Sie klimastabile Räume mit geeigneten Eigenschaften und verbessern Sie die unmittelbare Umhüllung der Dias.
... Sie die gemeinsame Aufbewahrung von Fotografien mit anderem Sammlungsgut, da sich die konservatorischen Bedingungen oft grundsätzlich widersprechen.	... Sie einen eigenen Raum für Ihr Dia-Archiv, den Sie speziell für dessen Anforderungen einrichten können.
... Sie Räume für die Dia-Archivierung, in denen Arbeitsplätze eingerichtet oder andere Funktionen untergebracht sind, die im Widerspruch zu den Aufbewahrungs- und Nutzungsregeln stehen.	... Sie ausschließlich separate Räume, in denen Sie das angemessene Klima herzustellen und einzuhalten in der Lage sind.
... Sie Raumtemperaturen über 20°C, da Wärme chemische Prozesse exponentiell beschleunigt.	... Sie niedrige Temperaturen als wichtigste konservatorische Maßnahme, indem Sie einen Raum von 18°C oder kälter wählen; dies gilt vorrangig für die besonders schnell alternden Farbmaterialien, deren Zerfall allein durch Kühlung verlangsamt werden kann.

... Sie auf jeden Fall relative Luftfeuchtigkeiten über 60%, weil ab diesem Wert Schimmel an den organischen Fotoemulsionen und in eingeglasten Dias entstehen kann.	... Sie alle Wege, um zu einer relativen Luftfeuchtigkeit von 30% bis 40% zu kommen.
... Sie ungehinderte Lichtzufuhr auf Dias, denn die Energien im sichtbaren und unsichtbaren kurzwelligen Bereich des Spektrums bleichen die Farbstoffe aus.	... Sie die Originaldias möglichst selten, beschränken Sie die Projektionszeit auf maximal eine Minute, verwenden Sie Duplikatdias.
... Sie offene Regale, um Licht, Staub und Klimaschwankungen von den Dias fernzuhalten.	... Sie in der Regel geschlossene Schränke; offene Möbel setzen voraus, dass Sie das Raumklima unter Kontrolle haben.
... Sie auf jeden Fall Folien aus PVC und weichmacherhaltige oder geklebte Kunststofftaschen aus Ihnen unbekanntem bzw. aus nicht eigens getesteten Materialien, da ihre Inhaltsstoffe die eingelegten Dias schädigen können.	... Sie für Dia-Positive geschweißte Folien aus unbeschichtetem, weichmacherfreiem Polyester, Polypropylen oder Polyethylen.
... Sie den direkten Kontakt mit den Dias, da das Hautfett Flecken verursacht und Staub die empfindlichen Farbschichten verkratzt.	... Sie dünne, gut sitzende, saubere, preiswerte Baumwollhandschuhe, die Sie nach Gebrauch waschen können.
... Sie die Arbeit mit den Originalen, um sie nur gezielt und so selten wie nötig den Schadensursachen auszusetzen.	... Sie das Angebot qualifizierter Firmen und erfahrener Fotografinnen und Fotografen für die Duplizierung Ihrer Dia-Bestände.

... Sie es auf jeden Fall, Originale außer Haus zu geben; die Routinen der Lithoanstalten wie Arbeitsgeschwindigkeit, Überdecker, Formatauszeichnungen, Scannerspray, unkontrollierbares Hantieren sind hochgradige Schadensursachen.	... Sie Veröffentlichungen auch dazu, hochwertige Duplikate anzufertigen, die Sie der Trennung in ein stilles und ein Arbeitsarchiv näherbringen.

Zitiert aus: *Dia-Magazin. Zeitschrift für Dia-AV, Fotografie und Projektionskunst* 3, 1995, 1, S. 18

Ein literarischer Nachtrag zum Thema:

„Diaabende

Vielen Menschen, Tieren, Gegenständen oder Geräuschen trauere ich nach. Irgendwann einmal kreuzten sie meinen Weg und ich gewann sie lieb. Genauso überraschend war dann ihr späteres Verschwinden. Abgelebt, ausgestorben, nicht mehr vorhanden, nicht mehr gefragt. Aber das Aussterben der Diaabende erfüllt mich mit Glück.

Der Diaabend, ein verbreitetes Untier der sechziger und siebziger Jahre, scheint ausgestorben zu sein wie die Saurier.

Damals war man bei keinem Besuch vor ihnen sicher. Auch die besten Freunde waren nicht gegen den bannenden Strahl auf die Leinwand immun. Auffallenderweise waren es meistens Männer, die mit ihrer Diaschau glaubten, anderen eine Freude zu machen.

Nichtsahnend betrat man das Wohnzimmer des Gastgebers. Dort, im gedämpften Licht, lauerte grausam schon wieder der graue Projektor. Und der sympathische Gastgeber entpuppte sich als ein rücksichtsloser Geiselnehmer und Folterer. Der Abend schien endlos wie die gefüllten Diakästen. Die Zuschauer quittierten heuchlerisch noch die ödesten Bilder mit »Ahhh« und »Ohhh«, vielleicht in der Hoffnung auf wenigstens eins, das zu sehen den Abend lohnte. Aber schon holte der Hausherr das gerade mit lauter Verzückungsrufen entlassene Dia vor die Projektorlampe zurück, um es noch einmal gebührend bewundern zu lassen.

Damit ich nicht missverstanden werde: Ein Jahrmarkt der Eitelkeit war das nicht, eher eine Spelunke der Heuchelei. Die Ruhigstellung der Geiseln wurde in aller Regel mit Salzstangen und Bier erreicht.

Das ist nun alles zum Glück vorbei. Aber die Freude über das endliche Aussterben der Diaabende wich einer Angst, als die Saurier plötzlich milliardenfach auferstanden und in einem gewaltigen Lichtstrahl wieder über die Erde herfielen. Wer weiß, frage ich mich, wann Steven Spielberg auf die Idee kommt, den Diaabend zum neuen Kult unserer Zeit zu erheben?“

SCHAMI, RAFIK : Loblied und andere Olivenkerne. München, Wien: Hanser 1996, S. 27-28

3.4 Das Episkop und „Multimedia-Projektoren“

Zu den „Oldtimern“ der technischen Medien zählt das Episkop. Man begegnet diesem Gerät heutzutage in den Einrichtungen der Erwachsenenbildung nur noch selten. In Einrichtungen der betrieblichen Weiterbildung kann man hingegen ab und an einem auferstandenen und technisch in jeder Hinsicht ausgereifterem Nachfolger begegnen. Er heißt auch nicht mehr „Episkop“, sondern trägt solch zeitgemäße Namen wie „EpiLux“, „Presenter“ oder „Visualizer“

Vorteil

Moderne Episkope haben gegenüber den Projektionsmedien Dia- und Arbeitsprojektor den großen Vorteil, dass mit ihnen nicht nur transparente, sondern auch nahezu alle *nicht*-transparenten Bildvorlagen (Zeitungsausschnitte, Buch-Illustrationen, Fotos, Prospekte usw.) und sogar dreidimensionale Objekte projiziert werden können. Das heißt auch: Mit dem Episkop kann ein hoher Aktualitätsgrad erreicht werden.
Die den alten Episkopen noch anhaftenden Nachteile (zu schwer, zu lichtschwach, zu laut, zu heiß usw.) sind heute weitestgehend ausgeräumt. Die modernen Geräte sind ausgestattet mit Fernbedienung und automatischer Dokumentenzuführung.

Das technische Prinzip des Episkops

Die Bildvorlagen werden unter eine Glasplatte gelegt, die sich unterhalb des Geräts befindet. Moderne Episkope haben eine Projektionsebene von 28 x 28 cm. Die Bildvorlage wird nicht durch-, sondern *be*leuchtet. Die von der Bildvorlage reflektierten Lichtstrahlen werden über ein Prisma in ein Objektiv gelenkt und auf einer Projektionsfläche als vergrößertes Bild abgebildet.

„Wir sprechen überhaupt zuviel, wir sollten vielmehr zeichnen." (Goethe)

Projektionsbedingungen

Bildvorlage	Zu achten ist auf eine klare Linienführung; Linien dürfen nicht zu dünn sein; sie müssen in deutlichem Kontrast zur Grundfläche stehen; keine kleinen Schriften projizieren; bei farbigen Bildvorlagen sollten die Farbunterschiede groß sein; keine vergilbten Bildvorlagen projizieren.
Projektionsentfernung	1,3 bis 3 m
Lichtstärke	Es ist ein möglichst lichtstarkes Objektiv zu wählen (Brennweite min. 33 cm).
Verhältnis Bildgröße / Projektionsabstand	Bei etwa einem Meter Projektionsabstand erzielt man eine Bildgröße von 0,80 m^2, bei etwa 3 m Projektionsabstand ca. 2,30 m^2.
Projektionsfläche	Projektionswände mit einer geringen Lichtabsorption wählen.
Raumverdunklung	Die Helligkeit des projizierten Bildes steht im umgekehrten Verhältnis zur Verdunkelung des Raumes: Je dunkler der Raum, desto heller ist das Bild. Man sollte sich deshalb vor Einsatz dieses Gerätes immer fragen, ob man die zu projizierenden Bildvorlagen nicht als Dia-Positive oder Arbeitstransparente projizieren kann.

„Multimedia-Projektoren“

Neben den klassischen Projektionsmedien OH-, Dia-Projektor und Episkop spielen folgende Medien eine zunehmend wichtigere Rolle:

- **Videoprojektoren** (für Videofilme),
- **LCD-Projektoren** (für Daten),
- **Daten- und Videoprojektoren** (für Videofilme und Daten).

Diese auch als „Multimedia-Projektoren“ bezeichneten Geräten, die bis zu einer Bilddiagonalen von 10 m in VGA- (640 x 480 Bildpunkte) oder SVGA-Auflösung (800 x 600 Bildpunkte) projizieren können, lassen sich auch an zahlreiche Eingangsgeräte (Videorecorder, Videokamera, PC, Laptop, CD-Player usw.) anschließen.

Über die jeweils neuesten technischen Entwicklungen und die Preise für diese Geräte informiere man sich am besten bei ihren Herstellern bzw. Vertreibern.

3.5 Visualisieren mit PC-Software
Grundlegende Bemerkungen an einem Beispiel veranschaulicht

Fragen

Neben Textverarbeitung und Datenverwaltung ist die Erstellung von Grafiken ein weiterer großer Einsatzbereich des PCs. Die grafischen Gestaltungsmöglichkeiten mit dem PC bzw. der entsprechenden Software sind heute sehr groß. Der Trend geht zu immer leistungsstärkeren Programmen, die mit einem Umfang von bis zu 50 Megabyte aufwarten und deren Handbücher nicht selten an die tausend Seiten umfassen. Viele Grafik-Programme *leisten indes erheblich mehr als die meisten Anwender benötigen.* Dieses Mehr an Leistung erschwert allerdings das Erlernen dieser Programme und ebenso die Orientierung in den Handbüchern.

Grafik-Programme sind *Werkzeuge*, um damit in vertretbarer Zeit zweckentsprechende Produkte herzustellen. Wie bei jedem Werkzeug, so erweist sich auch der Wert eines Grafik-Programms zunächst einmal ausschließlich am *Zweck seines Einsatzes.*

Deshalb sollten Sie **nie** fragen: **„Was kann das Programm?"**, sondern Sie sollten sich **immer** und zu allererst fragen: *„Was will Ich mit diesem Programm produzieren?"* Und Sie sollten sich auch fragen: *„Wie häufig werde ich mit diesem Programm arbeiten?"* Denn hiervon hängt es entscheidend ab, wie viel Zeit man in das Erlernen eines Programmes zu investieren bereit ist.

Ratschläge

- **Vertrauen Sie niemals Werbebotschaften!**
  Superlative wie „schnell, spielerisch, einfach und leicht, für jeden problemlos, in Sekundenschnelle" usw. sollten sie ausnahmslos ignorieren. Denn „leicht, schnell, problemlos" usw. ist der Umgang mit Grafik-Software nur dann, wenn man ihn beherrscht. Bis man aber einmal so weit ist ...

- **Die Empfehlungen Ihrer Kolleginnen und Freunde sollten Sie freundlich, aber kritisch würdigen!**
  Ein Programm, mit dem man gut umgehen kann, wird einem auf Dauer zu einen lieben „Arbeitsgefährten", dem man seine Unfähigkeit zur Lösung bestimmter Probleme zwar im „stillen Kämmerlein", niemals aber gegenüber Außenstehenden eingestehen würde. Im Gegenteil, hier gerät die Software zum wahren Alleskönner. Es ist immer wieder verblüffend festzustellen, wie schwer es vielen Menschen fällt, zu sagen: „Tut mir leid, aber das kann man mit diesem Programm nicht bewerkstelligen!"

- **Das beste Programm gibt es nicht und gibt es doch!**
  Es gibt *viele* gute Programme. Die mögen sich im Funktionsumfang zwar unterscheiden, so dass man durchaus sagen kann, dieses Programm ist jenem in Bezug auf diese oder jene Funktion überlegen. Aber es gibt kaum Programme, die allen anderen vergleichbaren Programmen in allen Funktionen überlegen sind. Insofern gibt es *das* beste Programm nicht. Aber es kann durchaus das beste Programm *für Sie* geben. Und dies ist zumeist das Programm, mit dem Sie am besten umgehen können und nicht jenes, das am meisten kann.

Praktische Visualisierungs-Probleme

Ich möchte im Folgenden nicht von der Leistungsfähigkeit von Programmen, sondern von den Zeitressourcen, Bedürfnissen und Verwendungspraxen potentieller Benutzer ausgehen. Ich versuche, die Frage zu beantworten, welches Programm möglicherweise geeignet ist, um konkrete Probleme zu lösen.
Und ich möchte die verschiedenen Möglichkeiten (Probleme) einmal anhand *eines* Beispiels visualisieren.

Sie wollen folgenden Sachverhalt auf einer Folie visualisieren:

> In Kenia gab es im Jahre 1950 noch 150.000 Elefanten. 1970 gab es noch 10.000 und 1975 noch 8.000 Elefanten.

Es bieten sich in diesem Fall drei Möglichkeiten an (Möglichkeit 2 und 3 können auch kombiniert werden):

Möglichkeit 1: Sie ordnen den Text tabellarisch und versehen die Tabelle mit entsprechenden Trennlinien. Ein *Textverarbeitungs-Programm* (z. B. Word) ist dazu in der Lage. Sie brauchen kein weiteres Programm.

Allgemein lässt sich sagen: Mit einer Textverarbeitung allein kann man nur wortsprachlich und in geringem Umfange auch bildsprachlich (mit symbolischen Zeichen) visualisieren! Aber wie ich bereits im ersten Kapitel betonte: Unter Visualisierung wollen wir nicht die Sichtbarmachung der Wortsprache = Text), sondern bildsprachliche Darstellungen verstehen.
Sie wollen also den Sachverhalt *bildsprachlich* darstellen.

Möglichkeit 2: Sie visualisieren den Elefanten (also ikonisch): Die folgenden Fragen stellen sich: Soll **(A)** das Bild hergestellt, also *neu* produziert oder aber **(B)** ein *fertiges* Bild benutzt werden?

Zunächst zu den Varianten, das Bild herzustellen.

(A1) Sie versuchen, das Bild mit der **Maus** zu zeichnen
Solange Sie mit Hilfe elementarer Symbole (Rechteck, Kreis, Linie usw.) visualisieren, gelingt Ihnen dies in der Regel recht gut (das leisten durchgängig alle Grafikprogramme). Sobald es aber um die Produktion von Freihand-Zeichnungen geht (Sie wollen zum Beispiel einen Elefanten oder ein Automobil zeichnen), kann die Angelegenheit zur „unendlichen Geschichte" werden. Mein Elefant sieht so aus:

Allgemein lässt sich sagen: Um mit einer Maus in einem Grafikprogramm brauchbare ikonische Bilder erzeugen zu können, muss man schon über allerhand Talent verfügen!

(A2) Sie versuchen das Bild mit einem **elektronischen Zeichenstift** zu zeichnen. Dazu benötigen Sie ein besonderes Hard-/Software-Paket, das folgende Komponenten enthält: Ein Digitalisiertablett, einen elektronischen Zeichenstift und eine Software, die Ihnen die Weiterverarbeitung Ihrer Zeichnungen (speichern, retuschieren) ermöglicht. Es gibt Digitalisiertabletts, die können direkt aus verschiedenen Illustrations-Programmen „angesprochen" werden. Das Digitalisiertablett (in den Formaten DIN A6 bis DIN A3 erhältlich) wird über ein externes Netzteil mit Strom versorgt und ist über die serielle Schnittstelle mit Ihrem PC verbunden. Wenn Sie über einiges zeichnerisches Talent verfügen, so können Sie mit einem solchen Tablett recht ansehnliche Freihand-Zeichnungen erstellen.

Allgemein lässt sich sagen: Die Anschaffung eines Digitalisiertabletts (Preis ca. 300,- DM) lohnt nur dann, wenn man sehr häufig Freihand-Zeichnungen anfertigen möchte und man über hinreichendes Zeichentalent verfügt. Verfügen Sie über Zeichentalent, aber nicht über ein Digitalisiertablett, dann können Sie immer noch auf die folgende Möglichkeit zurückgreifen:

(A3) Sie zeichnen das Bild mit einem **Stift auf Papier**.
Das ist zwar ein gangbarer Weg, er stellt Sie allerdings vor das Problem, wie Sie Ihre Zeichnung „in den PC bekommen". Das Problem ist leicht zu lösen, wenn Sie wiederum über eine bestimmte Hardware verfügen; und zwar einen **„Scanner"**. Ein Scanner ist ein Gerät, das (vergleichbar etwa einem Fotokopiergerät) Ihre Bildvorlagen „liest" und diese Information digitalisiert, d. h. Ihrem Rechner bzw. Ihrem Grafikprogramm zur Weiterverarbeitung bereitstellt. Sie können sowohl Strichzeichnungen als auch Graustufenbilder (Fotografien) scannen. Sie scannen also Ihre Zeichnung, und sie steht Ihnen jetzt zur Weiterverarbeitung in einem Bildbearbeitungs- oder Zeichenprogramm zur Verfügung.

Allgemein lässt sich sagen: Ein Digitalisiertablett ist keine Alternative zum Scanner; es geht also nicht um ein „entweder / oder", sondern nur um ein „sowohl / als auch". Ein Scanner liest nicht nur *Ihre* Zeichnungen, sondern *jede* Zeichnung (aus jedem Printmedium, in jeder Vorlagenqualität). Ein Digitalisiertablett vermag lediglich die Zeit zwischen der Erstellung einer Zeichnung und ihrer Weiterverarbeitung im PC zu verringern. Es spricht also einiges dafür, sich für die Anschaffung eines Scanners und nur bei ersichtlich großem Bedarf für die Anschaffung eines Tabletts zu entscheiden.

Kommen wir nun zu der Variante, ein fertiges Bild zu verwenden.

(B1) Sie verwenden **Bilder aus Clipart-Bibliotheken**.
Angenommen, Sie verfügten über keinerlei Zeichentalent, Sie wären also bei jeder ikonischen Visualisierungsabsicht immer auf „fremde Hilfe" angewiesen, dann kämen Sie nicht umhin, auf fertiges Bildmaterial zurückzugreifen.
Dies wissen auch die Hersteller (auch wenn sie nach wie vor vorgaukeln, jeder könne nahezu alles zeichnerisch produzieren). Sie fügen ihren Programmen deshalb in der Regel viele fertige Zeichnungen (im Fachjargon „Cliparts") bei (das können durchaus 10000 bis 30000 sein). Nun könnte man vermuten, mit diesem Vorrat ließen sich nun wirklich alle Visualisierungs-Wünsche erfüllen. Weit gefehlt, und das werden auch Sie auch recht schnell merken, wenn Sie sich einmal die vielen, vielen Zeichnungen anschauen. Amerikanische Präsidenten, Filmschauspieler, Dinosaurier, Sportler, Flaggen, Automobile, Ornamente usw. werden Sie finden. Aber höchstwahrscheinlich werden Sie nur einen Bruchteil dieses Bildangebots gebrauchen können. Jeder Lehrer, jede Hochschullehrerin, jeder Volkshochschuldozent, jede Trainerin in der Wirtschaft mag sich fragen, wie viele der zigtausend Cliparts sie/er beispielsweise von „Corel Draw" wirklich gebrauchen kann.
In unserem Falle haben wir Glück. Tiere, Länder und Flaggen bieten die meisten Clipart-Bibliotheken reichlich. Wir benutzen also ein Zeichenprogramm,

um unsere Balken zu zeichnen und um den Text zu schreiben und „importieren“ aus der Clipart-Bibliothek die Bildelemente, die wir für die Darstellung unseres Sachverhalts benötigen (einen Elefanten und ein Bild von den Grenzen Kenias).

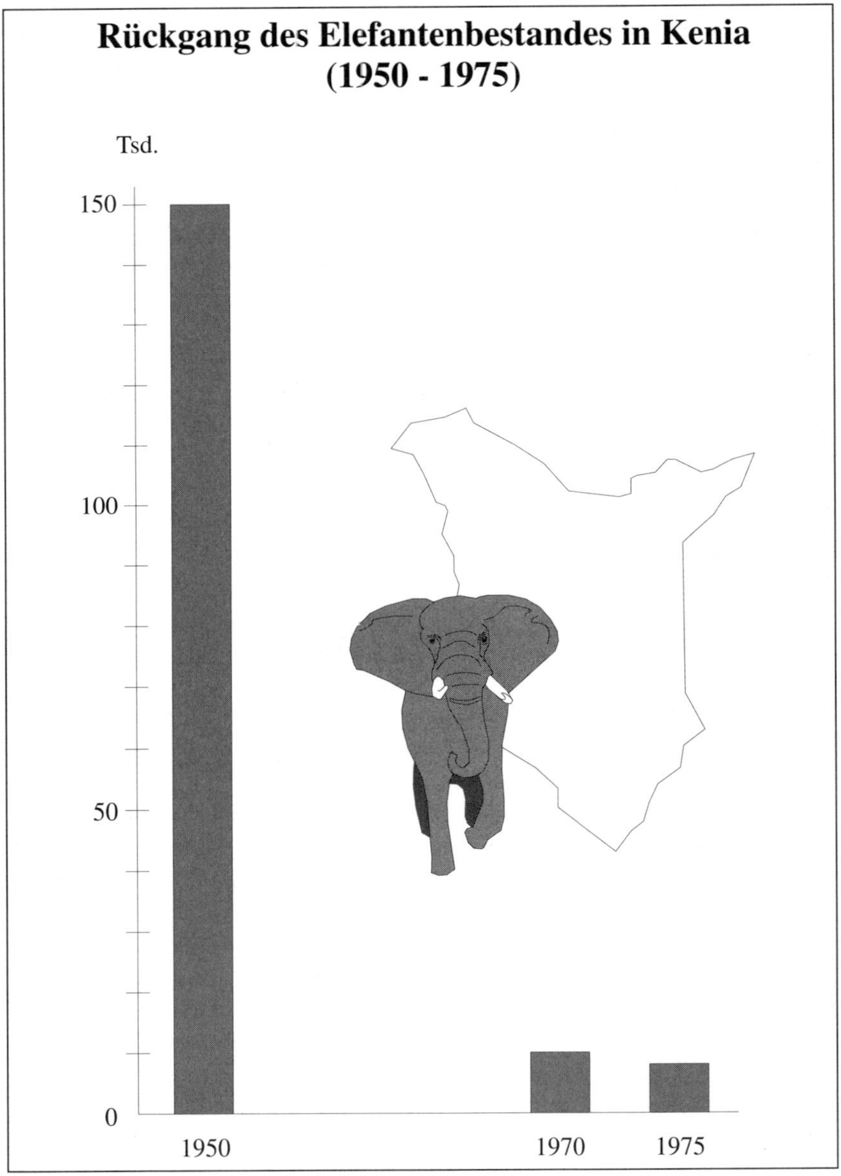

Allgemein lässt sich sagen: Mit Cliparts lässt sich gut und schnell arbeiten, wenn man sie gebrauchen kann. Aber genau hier zeigt sich die Schwäche dieses Angebots der Hersteller: Nur ein Bruchteil der Clipart-Zeichnungen ist für die meisten Menschen und deren spezifische Visualisierungs-Bedürfnisse zu gebrauchen!

Eine Pforte zu einem schier unüberschaubaren großen Clipart-Pool bietet folgende World-Wide-Web-Adresse:
http://www.ist.net/clipart/index.html

(B 2) Sie holen sich **Fotos** (Graustufenbilder) aus dem **„World-Wide-Web"**.
Es gibt seit einiger Zeit allerdings noch eine andere Möglichkeit, an Bildmaterial – ebenfalls digitalisiertes, aber fotorealistisches – zu gelangen. Diese Möglichkeiten bietet das „World-Wide-Web", der populäre mulitmediale Dienst des „Internet". Dort können Sie nach Herzenslust mit Hilfe der großen „Suchmaschinen" (Lycos, Altavista, WebCrawler usw.) auf den Servern dieser Welt auf Elefantenjagd gehen. Ich hatte nach wenigen Minuten Suchzeit viele schöne Fotos entdeckt und auf meinen heimischen PC geladen (im Fachjargon spricht man von „downloaden"). Aber in den Genuss dieses schier unerschöpflichen Datenpools kommen Sie nur, wenn Sie einen Zugang zum Internet haben.
Für Menschen, die an Universitäten, wissenschaftlichen Einrichtungen oder an Schulen tätig sind, ist dies in der Regel kein Problem und zudem kostenfrei. Für alle anderen steht dieser Service auch bereit, muss allerdings bezahlt werden. Mit einem Modem bzw. einer ISDN-Karte und der entsprechenden Software kann man dann zu Hause am PC durch die weite Welt des Internet „surfen". Die Grundgebühren und das Leistungsangebot der privaten Online-Anbieter (AOL, CompuServe, T-Online usw.) gleichen sich zunehmend an.

Allgemein lässt sich sagen: Das Web ist eine der größten und komfortabelsten Bilddatenbanken. Wer aus dieser Quelle schöpft, sollte sich allerdings darüber im Klaren sein, dass er aus einem rechtlich sehr trüben Gewässer schöpft. Denn vielfach ist weder die Herkunft (Autorenschaft, Fundort), noch die Frage der Verwertungsrechte des Bildmaterials geklärt. Zumindest von der kommerziellen Nutzung des Bildmaterials ist also dringend abzuraten.
Nun wollen Sie aber nicht ins „Internet"; weder das Angebot noch der Preis für die Nutzung reizen Sie; und deshalb bevorzugen Sie die nächste Variante.

(B3) Sie verwenden **Bilder aus Printmedien**.
Sie entdecken in einem Buch oder einer Fachzeitschrift eine Zeichnung oder ein Foto, das Sie gerne nutzen würden und (um bei unserem Beispiel zu bleiben), das Ihrer Intention auch viel besser entspricht als ein Clipart-Bild (zum Beispiel wollen Sie einen sterbenden Elefanten abbilden, den Ihnen keine Clipart-Bibliothek zur Verfügung stellt).

Sie müssen nun wiederum in der Lage sein, dieses Bildmaterial zu digitalisieren, also Ihrem Rechner zur Verarbeitung zugänglich zu machen. Kurzum: Sie brauchen wieder einen Scanner (s. o.).

Allgemein lässt sich sagen: Wer häufig auf Bildmaterial aus Printmedien angewiesen ist, sollte sich auf jeden Fall einen Scanner zulegen. Und er sollte sich die diversen „Schnippelbücher" anschauen. Diese im folgenden aufgeführten Bild-Archive enthalten Bilder, die genehmigungslos und ohne Angabe der Quelle für nicht kommerzielle Zwecke vervielfältigt werden dürfen.

- KELLNER, KLAUS: Das große Schnippelbuch. Bremen: Gewerkschaftsverlag Klaus Kellner 1988
- Layoutbuch für Redakteure. Karikaturen und grafische Elemente für Redakteure jugendeigener Zeitschriften. Bonn: Bundesvorstand der deutschen Jugendpresse 1985
- MÜLLERLEILE, CHRISTOPH u. a.: Tips für junge Zeitungsmacher. Bonn: Schülerpresse aktuell o. J. (4. Aufl.)

Im **AOL-Verlag** Lichtenau (Waldstraße 17 - 18, 77839 Lichtenau) sind bislang (Stand 1996) folgende Schnippelbücher erschienen:

- Naturschutzjugend (Hg.): **Umwelt**-Schnippelbilderbuch. Lichtenau / Göttingen: AOL-Verlag & Verlag Die Werkstatt 1992 (enthält Bildmaterial und v. a. Karikaturen u. a. aus den Bereichen „Energie, Freizeit/ Sport/ Tourismus, Gentechnik, Klima, Landwirtschaft, Müll, Nahrung, Naturschutz, Wald, Wasser")
- Naturschutzjugend (Hg.): **Politisches** Schnippelbilderbuch. Lichtenau / Göttingen: AOL-Verlag & Verlag Die Werkstatt 1994 (enthält Bildmaterial und v. a. Karikaturen u. a. aus den Bereichen „Arbeit & Soziales, Ausländerfeindlichkeit, Bildung, Computer, Frauen, Krieg & Militär, Parteien, Stadtplanung")

- Schnippelbilder-Taschenbuch Nr. 1. **(alles Mögliche von A - Z)**
- Schnippelbilder-Taschenbuch Nr. 2. **(Politik)**
- Schnippelbilder-Taschenbuch Nr. 3. **(Sport)**
- Schnippelbilder-Taschenbuch Nr. 4. **(Religion & Ethik)**

- Pädagogische Aktion e.V. (Hg.): PA-Schnippelbuch Nr. 1. (alles Mögliche von A - Z)
- Pädagogische Aktion e.V. (Hg.): PA-Schnippelbuch Nr. 2. (alles Mögliche von A - Z)

- Grafik-Kiste 1: Schulleben.

- Grafik-Kiste 2: Freizeit.
- Das Schnippelbilder Taschenbuch für jedermann und jede Frau. (alles Mögliche von A - Z)

Unterstellt, Sie sind – was die Auswahl Ihres Bildmaterials anbelangt – sehr anspruchsvoll, dann ist es denkbar, dass Sie weder mit Clipart-Zeichnungen noch mit den im Netz oder auf Foto-CDs bereitgestellten Graustufen- oder Farbbildern zufrieden sind. Sie möchten „Ihren" Elefanten. Dann könnten Sie sich für die folgende Variante entscheiden:

(B4) Sie gehen in den Zoo oder fahren nach Kenia und **„schießen"** sich den **passenden Elefanten**.
Sie benötigen eine Kamera, die Ihre Schnappschüsse digitalisieren kann. Sie brauchen Ihre Kamera dann nur mit dem PC verbinden und ihm bzw. einer entsprechenden Bildbearbeitungssoftware (z. B. Photoshop, Corel Paint, Picture Publisher) die Bilder zuführen. Die Preise purzeln auch hier ständig, wenngleich es große Qualitätsunterschiede (hinsichtlich der Bildauflösung als auch der Anzahl der speicherbaren Bilder) gibt.

Möglichkeit 3: Sie visualisieren die Zahlen (Säulendiagramm; also *symbolisch*):

Bislang haben wir uns nur um die ikonischen Elemente (v. a. um den Elefanten) gekümmert. Die symbolische Darstellung (in unserem Fall: das Säulendiagramm) haben wir gezeichnet. Es ist durchaus möglich, auch dieses Säulendiagramm mit Hilfe einer Software *zeichnen zu lassen*.
Es gibt viele Programme, die darauf spezialisiert sind, Zahlen in Bilder (genauer: Diagramme) zu übertragen (z. B. Linien-, Kreis-, Balkendiagramme). Doch beim Einsatz solcher „Spezialisten" ist Vorsicht geboten. Sie bieten nicht nur sinnvolle, sondern auch allerhand unsinnige Darstellungsmöglichkeiten (hier sei nur an die dreidimensionalen Darstellungsmöglichkeiten erinnert, mit denen man sehr behutsam umgehen sollte).
Angesichts solch betörender oder vielleicht auch verwirrender Möglichkeiten, einen recht einfachen Sachverhalt mit Hilfe des PCs zu visualisieren, liegt es nahe, den doch am Ende einfachsten und zeitsparendsten Weg zu gehen. Vorab: Ich möchte dieser Möglichkeit nicht das Wort reden, sie aber gleichwohl als solche bestehen lassen. Denn *handgemachte* Folien können sehr gute Folien sein!

Nachsatz: Wenn Ihnen dies zu aufwändig ist und Sie zeichnerisch ein wenig talentiert sind, dann können Sie die ganze Folie auch **mit der Hand** zeichnen. Solche Visualisierungen müssen in nichts den computererstellten nachstehen.

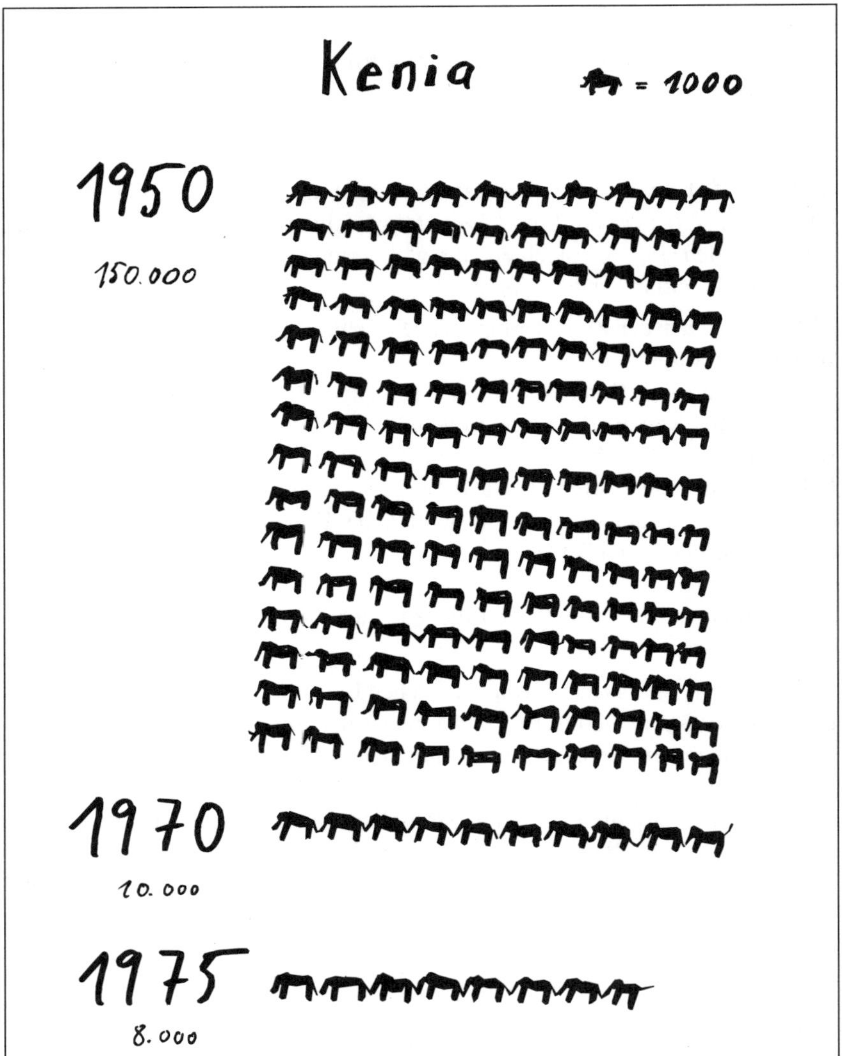

Wenn man bedenkt, dass mediale Entscheidungen immer nachgelagerte, ziel- und inhaltsabhängige Entscheidungen sind (also es immer zuerst um die Frage geht: „Was will ich aussagen?“), dann wird die Frage des „Wie stelle ich es dar?“ zwar nicht unbedeutend, aber sie verliert an Bedeutung.
Handgefertigte Visualisierungen können durchaus intentionsgerechter und auch emotional ansprechender sein, und sie sind oftmals viel schneller herzustellen.

Allerdings – und hierin besteht ihr großer Nachteil – sie sind Unikate; einmalig: weder veränderbar noch in anderen Zusammenhängen verwendbar.
Es geht nicht darum, auf die Möglichkeiten der Software zu verzichten, es geht ausschließlich darum, zu visualisieren. Und das wird auch im Zeitalter des PCs dem einen eben immer noch leichter „von der Hand gehen“, der andere wird sich all die vielen Vorteile der digitalen Bildverarbeitung zu Nutze machen.

„Spezialisten“ für besondere Anlässe

Es gibt eine Vielzahl von Visualisierungs-Wünschen und -Problemen, für die der Markt auch geeignete Spezialprogramme bereitstellt. Ob Sie chemische Formeln, Blockdiagramme, ob Sie Landkarten oder Flussdiagramme usw. erstellen möchten: Für viele dieser Visualisierungs-Probleme gibt es „Spezialisten“.

Allgemein lässt sich sagen: Wenn Sie häufig vor speziellen Visualisierungs-Aufgaben stehen, dann ist es ratsam, sich in Spezialprogramme einzuarbeiten; aber nur dann.

4. Wie visualisieren? – Gestaltungs-Empfehlungen

Im letzten Kapitel soll uns die Frage beschäftigen: „Welche Gestaltungs-Elemente und -Empfehlungen sind beim Visualisieren zu berücksichtigen?“. Im Einzelnen geht es um:
- Farbgebung,
- Schriftauswahl,
- Typographie,
- Gestalt- „Gesetze“.

● Vertiefende Literatur:

BRAUN, GERHARD: Grundlagen der visuellen Kommunikation. München: Bruckmann 1993 (2. Aufl.)

MATTHAEI, JÖRG M.: Grundfragen des Grafik-Design. München: Moos 1985 (3. Aufl.)

● Knapp, instruktiv und anschaulich wird der Gegenstand dargestellt von:

WEBER, HAJO: Arbeitshilfen Visuelle Kommunikation. Mühlheim a. d. Ruhr: Verlag Die Schulpraxis 1983

> „Man muß zum Auge reden, will man verstanden werden“. (Herder)

4.1 Farbgebung

Neben der Schrift, der Figur und der Form ist die Farbe eines der *auffälligsten und wirksamsten Gestaltungsmittel*, das ebenfalls wie alle anderen Gestaltungsmittel, gleichsam nützlich oder störende Wirkung haben kann.
Die folgenden Tips sind weder im Einzelnen empirisch ausgewiesen und überprüft, noch sind sie ausdrücklich aus wissenschaftlichen Theorien und Forschungsergebnissen abgeleitet. Ich habe sie verschiedenen Quellen entnommen, soweit sie mir plausibel erscheinen und sich mit Erfahrungen aus der praktischen Alltagsarbeit beim Gestalten und Visualisieren decken. Sie richten sich an diejenigen, die einfache Grafiken, Schaubilder und schriftliche Informationen mittels Farbe anregender oder auch besser verständlich gestalten möchten.
Farben haben neben ihrer „natürlichen" vor allem *symbolische* Bedeutung. Hierzu zählen vor allem die Bedeutungsbereiche „Psychologische Bedeutung" und „Bedeutung durch Konventionen und Normierungen".

Psychologische Bedeutung

Farben haben für uns eine psychologische Bedeutung. Sie beeinflussen zunächst einmal ganz unbestritten unsere psychische Befindlichkeit. Helle Farben vermögen positive, dunkle Farben negative *Emotionen* auszulösen; „warme" (rot, orange, gelb) und „kalte" (blau, grün, violett) Farben können *Temperaturempfindungen* auslösen. Auch gibt es *Farbvorlieben*, die sich nur schwer wissenschaftlich erklären lassen.

- **geschlechtsspezifisch**

rosa = Baby weiblich
hellblau = Baby männlich

- **altersgruppenspezifisch**

grau, braun = Vorliebe älterer Menschen
grelle Farben = Vorliebe jüngerer Menschen

Farben geben uns darüber hinaus eine Auskunft. Welche Auskunft sie uns allerdings geben, das hängt davon ab, in welchem Kontext wir Farben wahrnehmen. Nachstehend einige Beispiele für unterschiedliche Zusammenhänge und dementsprechend unterschiedliche Farbbedeutungen:

- **altersspezifisch**

Jugendliche neigen gegenüber Erwachsenen mehr zu *kräftigen Volltonfarben*; *Erwachsene* neigen im Durchschnitt stärker zu *Pastellfarben* und verhüllten/gedeckten Tönen.

- **religiös**
grün = Islam
- **politisch**
rot = SPD
grün = Die Grünen
- **kulturspezifisch**
schwarz = Tod (Christentum)
weiß = Tod (Buddhismus)
- **assoziativ auf Firmen bezogen**
violett = Telekom
gelb = Post

Die Bedeutung von Farben in unterschiedlichen Lebenszusammenhängen wird von uns zumeist unbewusst gelernt. Es bedarf in der Regel keines organisierten Lernprozesses, um ihre Bedeutung zu erschließen.
Über die psychologische Bedeutung von Farben ist seit GOETHES Abhandlung über die „Sinnlich-sittliche Wirkung der Farbe“ viel geschrieben worden. Zumindest so viel können wir heute sagen: Kontextfrei lässt sich nichts über Farben sagen; die Bedeutung eines roten Farbtons erschließt sich einem Betrachter immer nur im Zusammenhang seiner konkreten Existenz (rote Schuhe, rote Fahne, rote Ampel, roter Wein, rote Lippen...).

Bedeutung durch Konventionen und Normierungen

Neben der psychologischen Bedeutung von Farben gibt es auch Bedeutungen, die durch Konventionen festgelegt wurden. Analog zu den vielen symbolischen Zeichensprachen in Lehre und Forschung hat man in vielen Bereichen des Arbeitslebens und der Wissenschaft sich auf normierte Farbbedeutungen geeignet. Auch hier besteht der Hauptgrund wieder darin, sich möglichst rasch und über die Sprachgrenzen hinweg international zu verständigen. Und auch für solche Normierungen gilt, was für symbolische Zeichen immer gilt: Sie müssen gelernt werden, und zwar bewusst.

Bekannte Beispiele solcher Farbkonventionen sind die Farben im Bereich „Arbeitssicherheit“, in der Chemie zur Kennzeichnung der Elemente oder zur Kennzeichnung alltäglicher Gegenstände wie z. B. der rote Punkte auf dem Heiß-, der blaue Punkt auf dem Kaltwasserhahn.

Farbe in strukturierender und hervorhebender Bedeutung

Im Bereich Lehren und Lernen, bei der Erstellung von Texten und Visualisierungen spielt Farbe eine besonders wichtige Rolle. Ich habe im Kapitel 3.2 das Nötige dazu ausgeführt.

Praktische Gestaltungs-Empfehlungen:

- bei Schrift- und Hintergrundfarbe

Größer als bei „schwarz auf weiß“ ist der Aufmerksamkeitswert bei „schwarz auf gelb“.
Dunkle beziehungsweise schwarze *Schriften auf (dunklen) Volltonfarben* sind schlecht erkennbar und lesbar. Umgekehrt gilt: *Dunkle* beziehungsweise schwarze *Schrift auf hellen (Pastellfarben)* Untergründen ist gut erkenn- und lesbar.
Bei farbiger Schrift auf farbigem Grund ist zusätzlich zu beachten, dass bestimmte Farbkontraste und -kombinationen so genannte Flimmerkontraste auslösen. Das kann als gestalterisches Mittel effektvoll eingesetzt werden, meist aber führt es zu Irritationen beim Rezipienten (Beispiel: Schrift in hellem gelbgrün auf hellrotem Grund = Flimmerkontrast).
Schriften in hellen Farbtönen (z.B. gelb) auf *hellen* oder weißen Untergründen sind schlecht lesbar.

- bei Farbkontrasten

Will man starke Farbkontraste erzielen, dann sollte man mit Komplementärfarben arbeiten, also mit Farben, die im Farbkreis gegenüberliegen.

- bei Vervielfältigungen

Vervielfältigungen von *farbig* gestalteten Informationen sind in der Regel aufwändiger zu erstellen und verursachen insbesondere bei der Vervielfältigung erhebliche Mehrkosten.
Sind Vervielfältigungen statt dessen in *schwarz-weiß* geplant, sollte bei der Wahl der Farben darauf geachtet werden, wie sich diese in den späteren Grauwerttönen auswirken. Als Faustregel gilt: Je dunkler eine Volltonfarbe desto dunkler der Grauwert bei der Umsetzung in schwarz-weiß.

helle Buntfarben = helle Grautöne
dunkle Buntfarben = dunkle Grautöne (bis schwarz)
Pastellfarben = lichte Grautöne

- Anzahl der Farben in Medien

Auch hier gilt wieder die mehrfach schon strapazierte Regel, dass weniger meist mehr ist. Je mehr unterschiedliche Gestaltungsmittel zur Anwendung kommen, um so mehr steigt die Gefahr, dass die gewollte strukturierende und orientie-

rungsanleitende Funktion der Gestaltungsmittel sich in ihr Gegenteil verkehrt, und die Farbe stattdessen Unruhe und Unübersichtlichkeit stiftet und die lenkende Funktion verloren geht.
Als Faustregel gilt: Bei symbolischen Darstellungen nicht mehr als vier Farben verwenden!

FRIELING, HEINRICH: Das Gesetz der Farbe. Göttingen u. a.: Musterschmidt 1968

KÜPPERS, HARALD: Das Grundgesetz der Farbenlehre. Köln: DuMont 1978

Die Abteilung „Angewandte Kognitionswissenschaft des DIFF in Tübingen hat eine sehr praxisbezogene Anleitung zum Thema „Farbe im Computer Based Training" herausgegeben:

WEDEKIND, JOACHIM; BALLSTAEDT, STEFFEN-PETER: Farbe und CBT. Tübingen: DIFF 1996

Diese Anleitung wird auch als Lernprogramm auf zwei Disketten zum Preis von DM 59,- angeboten und kann unter der Adresse

http://www.uni-tuebingen.de/uni/dii/diff

als Demonstration betrachtet bzw. per e-mail oder postalisch bestellt werden.
Die Adresse lautet:
„Deutsches Institut für Fernstudienforschung", Konrad-Adenauer-Str. 40,
72072 Tübingen.

4.2 Schriftauswahl

Schrift ist mehr als nur ein Mittel des sprachlichen-semantischen Ausdrucks. Schrift selbst weist viele Merkmale einer eigenen „Visualität" auf, die über den semantischen Gehalt hinausgeht, Hervorhebungs-, Unterscheidungs- oder (freie oder durch Konvention festgelegte) Informations-Möglichkeiten bietet, z. B.:

Schriftart

Grundsätzlich lassen sich drei **Schriftfamilien** unterscheiden:

- **serifenbetonte** (Antiqua-Schriften); z. B.
  Times Roman
  Garamond
  Bauer Bodoni
- **serifenlose** (Grotesk-Schriften); z. B.
  Helvetica
  Futura
  VAG Rounded
- **Zier-** und **Schmuckschriften**; z. B.
  Fette Fraktur
  Dear teacher
  Snyder Speed

Die Wahl der Schriftart ist keineswegs gleichgültig, denn zwischen Inhalt und Form besteht bekanntlich ein enger Zusammenhang. Ich möchte noch einmal – wie im ersten Kapitel des Buches – die Semiotik bemühen. Ein Zeichen hat zwei Bedeutungen: eine *denotative* und eine *konnotative*. Die denotative Bedeutung besteht darin, den semantischen Gehalt auszudrücken. Beispiel: „Opel" bezeichnet „Auto". Die konnotative Bedeutung weist über die semantische Bedeutung hinaus, sie bezeichnet sozusagen etwas mit. Beispiel: „Opel" bezeichnet „Rüsselsheim".
Ein weiteres Beispiel: „Kuba" bezeichnet eine „Insel" (denotative Bedeutung). „Kuba" bezeichnet aber auch „Zucker", „Fidel Castro" (konnotative Bedeutung).

Ebenso verhält es sich bei Schriftarten, besonders die Zier- und Schmuckschriften weisen über den semantischen Gehalt hinaus, haben also nicht nur eine denotative, sondern auch eine konnotative Bedeutung.

Die folgenden Beispiele zeigen allesamt einen Widerspruch zwischen „Inhalt“ und „Form“, also zwischen denotativer und konnotativer Bedeutung.

Stahlträger
Seidenwäsche
Manager
Fachbereich Maschinenbau

Hingegen stehen die folgenden Schriften nicht in Widerspruch zum Inhalt:

Bauhaus
Aktennotiz

Praktische Gestaltungs-Empfehlungen bei Sachtexten:

- Bei der Wahl einer Schriftart ist immer darauf zu achten, dass **beide Bedeutungen** (Inhalt und Form) übereinstimmen. Inhalt und Aussage sind nicht durch falschen Schriftcharakter zu konterkarieren.
- Möglichst nicht mehr als **drei Schriftgrößen** verwenden (ausgenommen zusätzliche kleine Schriftgrade für Fußnoten und Anmerkungen). In der Regel reichen zwei Schriftarten in Sachtexten aus.
- Inhalt und Aussage des Textes sollten (a) durch **„neutrale“ Schriften** ungestört bleiben **oder** (b) durch ihren Schriftcharakter den Inhalt oder die **Aussage verstärken** (z.B. leicht–schwer, ernsthaft–verspielt, modern–alt usw.).

Schriftstil

Der Schriftstil ist in erster Linie ein Mittel der *Hervorhebung*. Unterschieden werden können:

fett
kursiv
unterstrichen
doppelt unterstrichen
gesperrt
breitlaufend
Kapitälchen

Praktische Gestaltungs-Empfehlungen:

- Grundsätzlich gilt: Mit Stilvariationen ist sehr sparsam umzugehen, damit der mit ihnen beabsichtigte Effekt (etwas zu kennzeichnen, hervorzuheben) auch wirkt.

- Zur *Hervorhebung* („ins Auge springend") eignet sich vor allem **Fett**-Formatierung.
- Unterstreichungen heben zwar ebenso gut hervor, wirken aber weniger „elegant".
- *Kursive* Hervorhebungen wirken am „unaufdringlichsten". Sie eignen sich vor allem für textstrukturierende Hervorhebungen, also solche Hervorhebungen, die nicht „ins Auge springen", sondern dem Leser helfen sollen, Strukturen, Betonungen leichter zu erkennen.
- KAPITÄLCHEN benutzt man heute fast nur noch für die Hervorhebung bzw. Kennzeichnung von Personennamen.
- Gesperrte oder breitlaufende Schriften werden häufig benutzt, um Zitate kenntlich zu machen. Sie stören aber fast immer das Schriftbild und sind durch andere Gestaltungsmittel (z. B. kleinere Schriftgröße oder Einrückung des Absatzes) zu ersetzen.

Schriftgröße und Schriftproportion

Die Schriftgröße (exakt: der Schriftgrad) wird seit 1737 in Punkten angegeben. Dabei gelten für

a) den Hand-, Maschinen- und Fotosatz das typgrafische System: 1 Punkt = 0,375 mm,

b) den „Computersatz" das Pica-System: 1 Punkt = 0,353 mm

Man unterscheidet *proportionale* und *nicht proportionale* Schriften. Nicht proportional bedeutet: Jeder Buchstabe erhält den gleichen Raum (Breite). Proportional bedeutet: Jeder Buchstabe erhält den Platz, der ihm sozusagen nach seiner Ausdehnung zusteht. Ein „i" erhält also in einer proportionalen Schrift einen kleineren Raum als ein „w".

> proportionale Schrift
> `nicht proportionale Schrift`

Eine Schreibmaschine kann nur nicht proportionale Schriften drucken. In Textverarbeitungen gibt es hingegen fast nur proportionale Schriften (Times Roman, Helvetica, Arial usw.). Faustregel: Es ist heute üblich, bei der Gestaltung längerer Texte nur Proportional-Schriften zu verwenden.

Lesbarkeit von Schriften

Neben dem visuellen Eindruck einer Schrift (ästhetisch, konnotativ) geht es bei Sachtexten jedoch in erster Linie darum, den Text gut lesen zu können. Einige Ratschläge der Leseforschung:

Praktische Gestaltungs-Empfehlungen:

1. Serifenlose und serifenbetonte Schriften sind beide gleich gut lesbar.
2. Serifenbetonte Schriften sind schneller zu lesen.
3. Schmuck- und Zierschriften verlangsamen die Lesegeschwindigkeit erheblich.
4. Alle Stilvariationen (fett, kursiv usw.) verlangsamen die Lesegeschwindigkeit erheblich, wenn größere fortlaufende Textteile in dieser Weise formatiert sind.
5. Der Zeilenabstand beeinflusst die Lesegeschwindigkeit. Einzeilige Texte sind langsamer zu lesen als $1^{1}/_{2}$-zeilige.
6. Die Spaltenzahl beeinflusst die Lesegeschwindigkeit. Mehrspaltige Texte (auf einer DIN-A4-Seite) lassen sich schneller lesen als einspaltige.
7. Ideale Schriftgröße für Texte: 12 Punkt.

Nachsatz zum Thema „Handschrift"

Hat im Zeitalter des Personal-Computers *Handschrift* überhaupt noch eine Bedeutung für das Visualisieren, sollte nicht jeder Gedanke sofort *digitalisiert* dokumentiert werden? Die Frage ist rhetorisch; ich denke: Ja. Und zwar aus folgenden Gründen:

Visuelle Entwurfsarbeit wird wohl auch auf nichtabsehbare Zeit eine Domäne des Zeichnens und Schreibens mit nicht digitalen Schreibwerkzeugen bleiben. Der endgültigen Realisierung mit dem PC geht in vielen Fällen immer noch die handschriftliche Skizze voraus.

Handschrift drückt „Persönlichkeit" aus. Darin besteht ihre wesentliche konnotative Bedeutung. Ich habe darauf im Zusammenhang mit der handgeschriebenen Folie (S. 154 f.) verwiesen.

Bei der Tafelarbeit oder der Anwendung der Moderationsmethode ist eine gut lesbare Druckschrift geradezu ein Muss. Eine lesbare Handschrift ist hier die Voraussetzung für Kommunikation schlechthin. Die einschlägige Literatur zeigt aber unisono auch: **Handschrift ist kein Schicksal, sondern lernbar**.

JEGENSDORF, LOTHAR: Schriftgestaltung und Textanordnung. Theorie und didaktische Praxis der visuellen Kommunikation durch Schrift. Ravensburg: Maier 1980

4.3 Layout: Der Satzspiegel

Ich möchte mich hier nur auf das typographische Element „Satzspiegel" konzentrieren, weil sich dazu einige allgemeinverbindliche Empfehlungen formulieren lassen. Für alle übrigen typographischen Elemente (Linien, Blickfangpunkte, Rahmungen, Schattierungen usw.) gilt: Die typographische Gestaltung eines Textes ist letztlich abhängig von seinem Inhalt und dem geplanten Verwendungszweck. Wie „luftig", dem reinen Geschmacksurteil unterworfen, die Kriterien hinsichtlich der Beurteilung von Layouts sein können, zeigt der Vergleich der beiden Nachrichten-Magazine „Der Spiegel" und „FOCUS" durch den Chef einer Grafik-Agentur (Der Tagesspiegel, 11.1.1997, S. 23): Da heißt es zum Beispiel:

- „*Klassisch* sind die verwendeten Kapitälchen ..."
- „*sorgfältige* Farbabstufung zwischen Schwarz und Grau ..."
- „die Linie ... sieht auch *fürchterlich* aus..."
- „Der Seitenfuß ist *misslungen ...*"
- „Die Zeile mit dem Fotonachweis *sieht nicht gut aus ...*"
- „Die Ziffern haben alle die gleiche Höhe ... das macht sie *banal ...*"

Deshalb die Beschränkung auf das typographische Element „Satzspiegel".

Unter dem Begriff „Satzspiegel" versteht man die Ausrichtung des Textes. Man unterscheidet vier Ausrichtungsarten:

- Blocksatz,
- linksbündiger Satz,
- rechtsbündiger Satz,
- zentrierter Satz.

Blocksatz

Das ist links- und rechtsbündig ausgerichteter Text. Blocksatz vermittelt einen ausgeglichenen, „seriösen" Eindruck. In der überwiegenden Zahl gedruckter Publikationen wird heute der Blocksatz verwendet.

> Dies ist ein Beispiel für einen links- und rechtsbündig ausgerichteten Text. Beim Blocksatz muss man darauf achten, dass die Zwischenräume zwischen einzelnen Wörtern nicht zu groß werden. Deshalb ist es erforderlich, dass die Textverarbeitung, mit der man arbeitet, ein Silbentrennungs-Programm enthält. Solche Trennprogramme können aber nur Wörter trennen, die nicht in An- und Abführungszeichen stehen. Das Wort „Fliegenfänger" als abfällige Bezeichnung eines schlechten Fußballtorwarts würde die Textverarbeitung nicht trennen. In diesem Falle ist also „Handarbeit" erforderlich.

Dieser Eindruck entsteht allerdings nur bei der Verwendung *proportionaler* Schriften. Bei *nicht proportionalen* Schriften – wie zum Beispiel der Schriftart „Courier“ – ist dies nicht der Fall, es entsteht vielmehr ein zerrissenes, unausgeglichenes Schriftbild.

```
Bei nicht proportionalen Schriften ist von der
Methode des Blocksatzes abzuraten. Aber solche
Schriftarten sind heute sehr ungebräuchlich.
```

Linksbündiger Satz („Flattersatz“)

Bei Verwendung einer *nicht proportionalen* Schrift empfiehlt sich die linksbündige Textausrichtung, da auf diese Weise der oben beschriebene Nachteil ausgeglichen werden kann und sich ein ruhigerer Satzspiegel erreichen lässt, insbesondere dann, wenn das Textverarbeitungsprogramm über keine automatische Silbentrennung verfügt.

```
Bei nicht proportionalen Schriften ist eine links-
bündige Textausrichtung zu empfehlen.
```

Bei der Verwendung *proportionaler* Schriften sollte man nicht unbedingt immer am Blocksatz festhalten. Beispielsweise wirkt ein im „Flattersatz“ ausgerichteter *Brief* persönlicher (und ist auch heute noch im Briefverkehr gebräuchlich). Bei mehrspaltigem Seitenlayout (drei und mehr Spalten) und einer Schriftgröße von 12 Punkt und größer empfiehlt sich ebenfalls die linksbündige Textausrichtung, wie die beiden nachstehenden Beispiele zeigen.

Der positive Effekt des Blocksatzes, nämlich ein ruhiges und ausgeglichenes Schriftbild zu erzeugen, kann bei einer links- und rechtsbündigen Textausrichtung und einer Schriftgröße von 12 und mehr Punkt sehr schnell wieder aufgehoben werden. Vor allem lange Wörter, wie zum Beispiel das Wort „Vorstellungsbilder“ bereiten große Probleme.

Bei linksausgerichtetem Text entsteht dieser Eindruck nicht. Im Gegenteil, der Text wirkt, auch wenn er „flattert“, insgesamt ruhiger. Sobald das Seitenlayout mehr als zwei Spalten aufweist, sollte man sich bei einer Schriftgröße größer als 12 Punkt für eine linksbündige Ausrichtung des Textes entscheiden.

Zentrierter Satz („Spiegelsatz")

Als Klassiker unter den PC-Nutzern bei der Gestaltung von **Überschriften** hat sich der zentrierte Satz durchgesetzt. Er ist nicht besonders originell, aber man kann in der Regel auch wenig verkehrt machen. Das Einzige, worauf man bei seiner Anwendung achten sollte, ist der erzeugte **Zeilenumbruch**, d. h., dass die einzelnen Zeilen in einem ausgewogen proportioniertem Verhältnis zueinander stehen.

So nicht:

Vorteile und Nachteile des
Visualisierens

Vorteile und
Nachteile des Visualisierens

Sondern so:

Vorteile und Nachteile
des
Visualisierens

Vorteile und Nachteile
des Visualisierens

Zentrierter Satz ist geeignet: bei Überschriften und Titeln, bei kürzeren Texten, die „feierlich" gestaltet wirken sollen, in einer Rahmenbox (Textbox), insbesondere innerhalb von Schaubildern und Grafiken, beschrifteten Diagrammen usw.

In der Regel sonst nur, wenn es um eine Schmuckgestaltung eines Textes oder einer Textseite geht.

> Ansonsten ist zentrierter Satz, insbesondere bei längeren Texten schlecht leserlich. Also, längere Texte, bei denen der Inhalt im Mittelpunkt steht, sind für den zentrierten Satz ungeeignet.

Rechtsbündiger Satz („Flattersatz“)

> Satzform, die ebenfalls eher für *gestalterische und grafische Zwecke* eingesetzt wird und weniger für die Abfassung von längeren Texten. In Layoutfragen Ungeübte sollten mit dieser Satzform vorsichtig umgehen. Eine Komposition mit diesem Zeilenverlauf gerät schnell unübersichtlich und unruhig.

Andererseits lassen sich mit dieser Layouttechnik reizvolle und ansprechende **Titelblattgestaltungen** verwirklichen. Auch wenn auf einer Seite großflächige, besonders in Vertikalachse verlaufende Bildelemente eingesetzt werden, lässt sich gut mit rechtsbündigem Satz arbeiten.

4.4 Gestalt- „Gesetze“

Der Begriff „Gestalt“ geht zurück auf den Psychologen EHRENFELS, der in einer Abhandlung im Jahre 1890 erstmals von Gestalt(Ganzheits)-Qualitäten menschlicher Wahrnehmung gesprochen hat. EHRENFELS führt als Beispiel eine Melodie an, deren Klangfarbe oder Tonhöhe man verändern könne, ohne dabei jedoch die Struktur, die „Qualität“ der Melodie zu verändern.
Unter dem Titel „Gestalt-Psychologie“ versammelt sich eine psychologische Richtung, die sich mit der Erforschung von Wahrnehmungs-Vorgängen befasst. Ihre historisch prominentesten Vertreter – WERTHEIMER, LEWIN, KOFFKA, KÖHLER (sog. „Berliner Schule“) – haben über 100 so genannter Gestalt-Gesetze formuliert. Diese Gesetze sind heute allgemein als Strukturierungs-/Gruppierungs-Prinzipien menschlicher Wahrnehmung anerkannt. Ihr gemeinsames Fundament kann thesenartig wie folgt zusammengefasst werden:

1. Das Ganze ist mehr als die Summe seiner Teile.
2. Jede Wahrnehmung ist in den Gesamtzusammenhang des Erlebens des wahrnehmenden Subjekts eingebunden (vgl. Kapitel 1).
3. Wahrnehmung unterliegt einer spontanen Tendenz zur gestalthaften Organisation (Gruppierung).
4. Gestalten heben sich als abgesonderte, umgrenzte, gegliederte, möglichst einheitliche und geschlossene Figuren von einem unstrukturierten Grund ab.
5. Gestalten werden als bedeutungsvoll erlebt.
6. „Schlechte“, unvollkommene Gestalten „tendieren“ in der Wahrnehmung nach „guten“, vollkommenen Gestalten. So wird zum Beispiel ein 86°-Winkel von den meisten Betrachtern als 90°-Winkel angesehen.
7. „Gute“ Gestalten erhalten ihre Gestalt-Qualitäten der Form oder Farbe trotz Veränderung der Darbietungs-Bedingungen (z. B. Lage, Entfernung, Beleuchtung usw.).

Einige dieser Gestaltgesetze spielen auch für die Gestaltung von Lehrmaterialien eine Rolle. So zum Beispiel das:

Gesetz der Nähe

Vereinfacht ausgedrückt besagt dieses „Gesetz“: **Beieinander liegende Teile werden als ein Ganzes aufgefasst** (Gliederung nach dem Prinzip des kleinsten Abstandes).

Beispiel 1:

Beispiel 2:

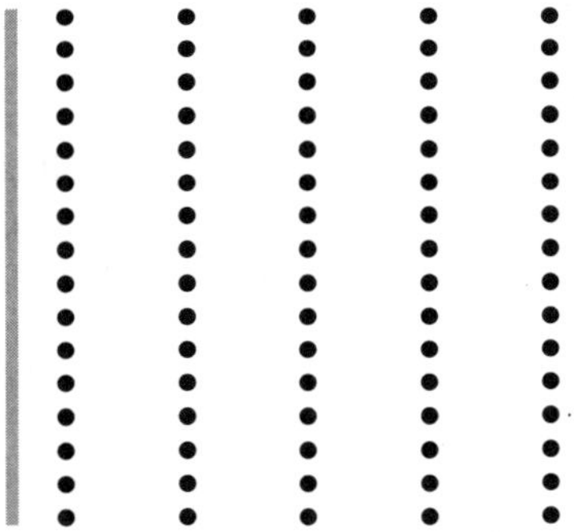

Im ersten Beispiel schließen sich die Linien zu vier Linien-Paaren, im zweiten Beispiel die Punkte zu senkrechten Linien zusammen.

Didaktische Relevanz: Zusammengehörende Objekte, vor allem Bilder und Beschriftungen sollten möglichst eng beieinander stehen.

In den Abbildungen a) und b) ist die Struktur des Innenohrs eines Menschen dargestellt. In Abbildung b sind die Beschriftungen deutlich näher an die zu beschriftenden Teile platziert. Der „Weg des Auges" ist somit kürzer und die Abbildung kann demzufolge schneller gelesen werden.

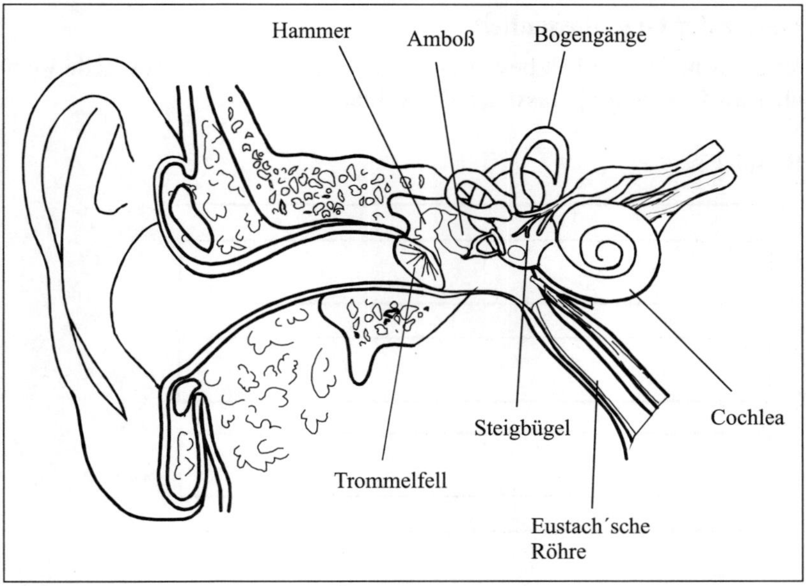
Hammer
Amboß
Bogengänge
Steigbügel
Cochlea
Trommelfell
Eustach´sche Röhre

Abb a)

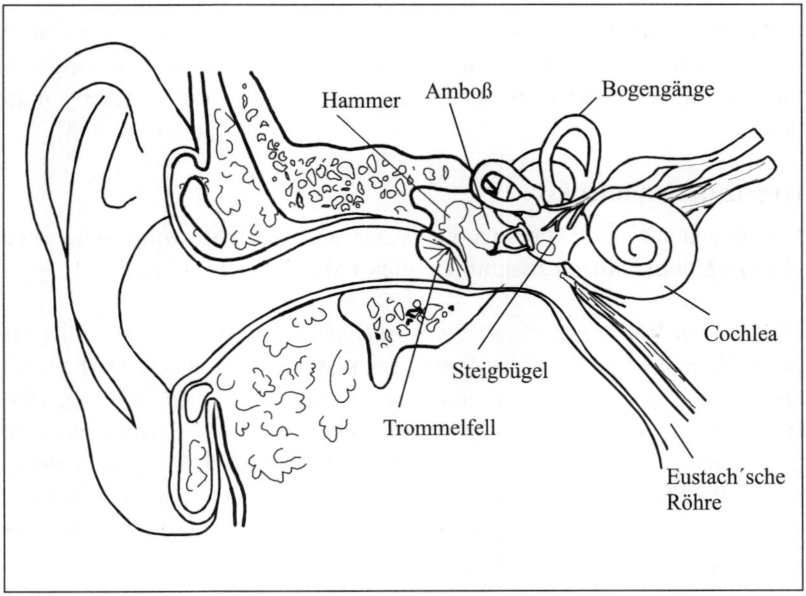
Hammer
Amboß
Bogengänge
Cochlea
Steigbügel
Trommelfell
Eustach´sche Röhre

Abb: b)

Gesetz der Geschlossenheit

Vereinfacht ausgedrückt besagt dieses „Gesetz“: **Geschlossene Teile werden eher als Ganzes aufgefasst als offene Teile**.

Beispiel 3:

Wir erkennen noch die vier Linienpaare aus Beispiel 1 und doch drängen sie sich uns nun nicht mehr als Gestalt auf, sondern statt dessen die drei Rechtecke.

Didaktische Relevanz: *Einrahmungen* heben den Figur-Charakter von Darstellungen hervor. Deshalb: Wichtige Aussagen umranden, Abbildungen umranden, um das Blickfeld zu begrenzen, Zusammengehörige Elemente umranden.

Gesetz der Ähnlichkeit

Vereinfacht ausgedrückt besagt dieses „Gesetz“: **Gleichförmige Teile werden eher zu einem Ganzen zusammengefasst als ungleichförmige**.

Didaktische Relevanz: *Visuelle Einheitlichkeit* verweist auch auf sachliche Einheitlichkeit; dies gilt für Form, Farbe, Textur, Größengleichheit. Deshalb: Gleiches immer gleich benennen und gleich kennzeichnen. *Zusammengehöriges* sollte auch mit Hilfe *gleicher typographischer Zeichen* optisch miteinander und als *zusammengehörig erkennbar* gekennzeichnet werden, z. B. durch gleichartige Aufzählungszeichen, Spiegelstriche, durch gleich tiefe Einrückungen, durch kursive Schriftstellung, durch etwas geringeren Zeilenabstand als der restliche Text oder durch den Satzspiegel.

Gesetz der Prägnanz

Vereinfacht ausgedrückt besagt dieses „Gesetz“: Elemente schließen sich zu einer „guten“ Gestalt zusammen, wenn sie bestimmte **Eigenschaften wie Regelmäßigkeit, Symmetrie, maximale Einfachheit und Knappheit** aufweisen.

Didaktische Relevanz: *Symmetrische Konturen bzw. Flächen* werden als Gestalten wahrgenommen und prägen sich besonders gut ein.

Die Abbildungen sind (leicht modifiziert) einem Skript von Frank DOERFERT (1980, S. 62 ff.) entnommen. Der Autor kritisiert an Abbildung a) die Nichtbeachtung von gleich vier „Gestalt-Gesetze“.

1. Die Beschriftungen der beiden wechselseitigen Beziehungen stehen zu weit von den Pfeilen entfernt (Gesetz der Nähe).
2. Diese beiden Beschriftungen ließen sich diesen Pfeilen besser zuordnen, wenn sie die gleiche Lage wie die Pfeile hätten, also um 45° geneigt wären (Gesetz der Ähnlichkeit).
3. Da es sich bei dem zu visualisierenden Sachverhalt um Geschäftsbeziehungen zwischen drei Personen handelt, bietet es sich an, der Figur des „Dreiecks“ stärker Ausdruck zu verleihen, z. B. durch den Austausch der Kreise durch Dreiecke, durch die Integration der Pfeilbeschriftungen in die Pfeile bzw. der Personen und ihre jeweilige Geschäftsfunktion in die Dreiecke (Gesetz der Geschlossenheit und der Prägnanz).

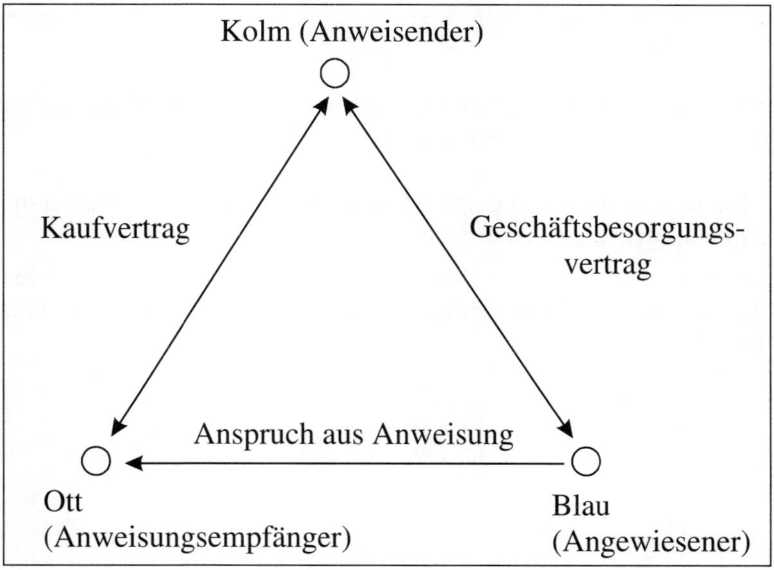

Abb. a)

Abbildung b) soll eine Möglichkeit bei Beachtung der „Gestalt-Gesetze“ aufzeigen.

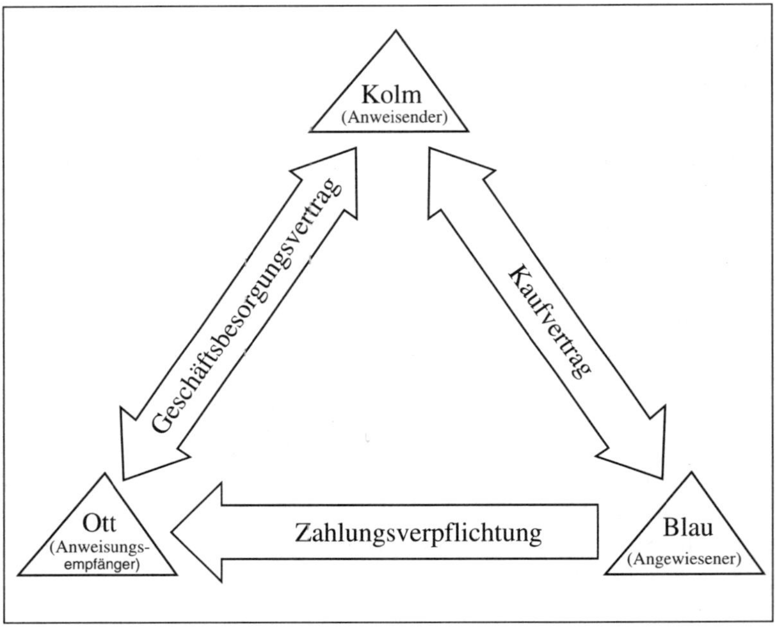

Abb. b)

METZGER, WOLFGANG: Gesetze des Sehens. Frankfurt am Main: Kramer 1975 (Orig. 1936) (= Senckenberg-Buch 53)

Über die Bedeutung der Gestalt-„Gesetze“ für den Aufbau von Demonstrations-Experimenten informiert der Aufsatz:

KÖRB, WERNER; ARNHEIM, RUDOLF: Visuelle Wahrnehmungsprobleme beim Aufbau chemischer Demonstrationsexperimente. *Neue Unterrichtspraxis* 12, 1979, S. 117 ff.

Nachbemerkung

Ich möchte am Ende dieses Kompendiums bilanzieren:

Versuchen Sie, Ihren Gedanken eine bildsprachliche Gestalt zu geben!

Ich rate **Lehrenden**, allen „wortsprachlichen Stoff" zumindest in der Planungsphase des Lehr- und Lernprozesses auch auf einer anderen Repräsentionsebene darzustellen (ikonisch oder symbolisch). Ein solcher Transfer zwingt bzw. hilft, die eigenen Absichten, Ziele, das Gegenstandsverständnis und möglicherweise auch die Form der Vermittlung oder Aneignung intensiv zu bedenken und in der Folge zu überarbeiten.

Ich rate **Lernenden**, allen „wortsprachlichen Stoff", so er nicht anders als wort- bzw. schriftsprachlich präsentiert wurde, auf einer anderen Repräsentionsebene (also symbolisch oder ikonisch) zu rekonstruieren. Eine solche Rekonstruktion zwingt zur intensiveren Auseinandersetzung mit dem „Stoff", hilft, ihn besser zu verstehen und zu behalten.

Dabei sollten Sie allerdings immer das von Wilhelm H. PETERßEN (S. 139) in Anlehnung an KANT beschriebene Wechselverhältnis von Wort- und Bildsprache beachten:

**„Begriffe ohne Anschauung sind leer.
Anschauungen ohne Begriffe sind blind."**

Literaturverzeichnis

ABELS, HEINER; DEGEN, HORST: Handbuch des statistischen Schaubilds, Konstruktion, Interpretation und Manipulation von graphischen Darstellungen. Herne, Berlin: Vlg. Neue Wirtschafts-Briefe 1981

ALTROGGE, GÜNTER: Netzplantechnik. München: Oldenbourg 1994 (2. vollst. neubearb. u. erw. Aufl.)

ARNHEIM, RUDOLF: Anschauliches Denken. Zur Einheit von Bild und Begriff. Köln: DuMont 1980 (4. Aufl.)

BALLSTAEDT, STEFFEN-PETER: Didaktisches Design für Charts. Tübingen: DIFF 1996

BECK, JOHANNES; WELLERSHOFF, HEIDE: SinnesWandel. Die Sinne und die Dinge im Unterricht. Frankfurt am Main: Cornelsen Scriptor 1993 (2. Aufl.)

BERTHOLD, MICHAEL: Darbieten und Veranschaulichen. Möglichkeiten und Grenzen von Darbietung und Anschauung im Unterricht. Bad Heilbrunn: Klinkhardt 1983

BLOCK, UTE: „So hab ich das noch nie gesehen..." Arbeiter/innen zeichnen ihren Arbeitsplatz. In: Lernen für die Praxis. Medien, Techniken, Methoden. München: Hueber 1984, S. 152 - 161

BÖNING, UWE: Moderieren mit System. Besprechungen effizient steuern. Wiesbaden: Gabler 1991

BÖRKIRCHER, HELMUT: Moderation kommt von Mäßigung. Der Einsatz der Moderationstechnik in Problemlösungsprozessen. In: Handbuch Hochschullehre. Bonn: Raabe 1995, H 5.1, 1 - 22

BÖSTERLING, BURKHARD: Visualisierung: EDV-Landschaften kreativ gestalten. Ein kleines Handbuch zur Unterstützung der Arbeit in Beteiligungsprojekten. Frankfurt am Main: Courier 1994

BOWMAN, WILLIAM J.: Graphic Communication. New York, London, Sydney: Wiley & Sons 1968

BRAUN, GERHARD: Grundlagen der visuellen Kommunikation. München: Bruckmann 1993 (2. Aufl.)

BREITINGER, EUGEN OSCAR: Wandtafelzeichnen in der Volksschule. Eine Arbeitshilfe für die Lehrerbildung und die Schulpraxis. Berlin, Neuwied: Luchterhand 1966

BUZAN, TONY: Kopftraining. Anleitung zum kreativen Denken. München: Goldmann 1984 (2. Aufl.)

COOPER, Y. C.: Illustriertes Lexikon der traditionellen Symbole. Wiesbaden: Drei Lilien Verl. 1986

DERA, KLAUS: Über den Umgang mit Medien. In: Müller, Kurt R.: Kurs- und Seminarmethoden. München: Hueber 1986 (2. Aufl.), S. 162 - 174
DEWDNEY, ALEXANDER K.: 200 Prozent von Nichts. Die geheimen Tricks der Statistik und andere Schwindeleien mit Zahlen. Basel, Boston, Berlin: Birkhäuser 1994
DOERFERT, FRANK: Zur Wirksamkeit typografischer und grafischer Elemente in gedruckten Fernstudienmaterialien. Hagen, Fernuniversität Hagen 1980 (= Bericht zum ZIFF-Forschungsprojekt Nr. 12)

EDWARDS, BETTY: Garantiert zeichnen lernen. Das Geheimnis der rechten Hirn-Hemisphäre und die Befreiung unserer schöpferischen Gestaltungskräfte. Reinbek: Rowohlt 1979 (3. Aufl.)
EULER, LEONHARD: Briefe an eine deutsche Prinzessin über verschiedene Gegenstände aus der Physik und Philosophie. Braunschweig, Wiesbaden: Vieweg 1986, S. 114 - 125
EVANS, MICHAEL: The Geometry of the Mind. *Architectural Association Quarterly* 12, 1980, 4, S. 32 - 55

FERGUSON, EUGENE S.: The Mind's Eye: Nonverbal Thought in Technology. *Science* 197, 1977, S. 827 - 836
FRIELING, HEINRICH: Das Gesetz der Farbe. Göttingen u. a.: Musterschmidt 1968
FRUTIGER, ADRIAN: Der Mensch und seine Zeichen. Schriften, Symbole, Signete, Signale. Wiesbaden: Fourier 1991 (3. Aufl.)

GAEDE, WERNER: Vom Wort zum Bild. Kreativ-Methoden der Visualisierung. München: Langen-Müller/Herbig 1992 (2. Aufl.)
GRAU, WOLFGANG; HEINE, HUGO: Projizierte Bilder in Vorträgen. Eine kommentierte Checkliste für Vortragende. Berlin, Köln: Beuth 1982
GRÜNER, GUSTAV: Tafel und Kreide in der Schule. Ein praktisch-pädagogischer Kurs für Lehrer. Braunschweig: Westermann 1970 (2. Aufl.)
GUTSCHOW, HARALD: Englisch an der Tafel. Anregungen zum Tafelzeichnen. Berlin: Cornelsen-Velhagen & Klasing 1980

HENKEL, ARTHUR; SCHÖNE, ALBRECHT (Hg.): Emblemata. Handbuch zur Sinnbildkunst des 16. und 17. Jahrhunderts. Stuttgart, Weimar: Metzler 1996
HERDEG, WALTER (Hg.): Graphis Diagrams. Die graphische Visualisierung abstrakter Gegebenheiten. Zürich: Graphis Press 1981

HESCH, SUSANNE; Meier, Karsten: Bildung kommt von Bild. Mittel und Methoden der politisch-kulturellen Bildungsarbeit. Hannover: DGB-Bildungswerk 1990

HEYDECKE, ROLF: Zur visuellen Darstellung von Lehrinhalten. *Das Hochschulwesen* 30, 1982, 7, S. XXIII - XXVI

ISSING, LUDWIG J.: Bilder als didaktische Medien. In: Lernen mit Bildern. Grünwald: Institut für Film und Bild in Wissenschaft und Unterricht 1983, S. 9 - 39

JEGENSDORF, LOTHAR: Schriftgestaltung und Textanordnung. Theorie und didaktische Praxis der visuellen Kommunikation durch Schrift. Ravensburg: Maier 1980

JÜNGST, KARL LUDWIG.: Lehren und Lernen mit Begriffsnetzdarstellungen. Zur Nutzung von concept-maps bei der Vermittlung fachspezifischer Begriffe in Schule, Hochschule, Aus- und Weiterbildung. Frankfurt am Main: Afra Vlg. 1992

KELLNER, KLAUS: Das große Schnippelbuch. Bremen: Gewerkschaftsverlag Klaus Kellner 1988

KITTELBERGER, RAINER; FREISLEBEN, IMMO: Lernen mit Video und Film. Weinheim, Basel: Beltz 1991

KLEBERT, KARIN; SCHRADER, EINHARD; STRAUB, WALTER G.: ModerationsMethode. Gestaltung der Meinungs- und Willensbildung in Gruppen, die miteinander lernen und leben, arbeiten und spielen. 2. Aufl. Rimsting: Vlg. für Psychologie und Kommunikation 1984

KLEBERT, KARIN; SCHRADER, EINHARD; STRAUB, WALTER G.; KurzModeration. Anwendung der ModerationsMethode in Betrieb, Schule und Hochschule, Kirche, Politik, Sozialbereich und Familie bei Besprechungen und Präsentationen. Hamburg: Windmühle 1985

KOBERSTEIN, HERBERT: Statistik in Bildern. Eine graphisch-statistische Darstellungslehre. Stuttgart: Poeschel 1973

KOCHER, GERNOT: Zeichen und Symbole des Rechts. Eine historische Ikonografie. München: Beck 1992

KÖRB, WERNER; ARNHEIM, RUDOLF: Visuelle Wahrnehmungsprobleme beim Aufbau chemischer Demonstrationsexperimente. *Neue Unterrichtspraxis* 12, 1979, S. 117 ff.

KÖSLER, BERTRAM: Gebrauchsanleitungen richtig und sicher gestalten. Wiesbaden: Forkel 1992 (2. Aufl.)

KRÄMER, WERNER: So lügt man mit Statistik. Frankfurt am Main, New York: Campus 1994 (5. Aufl.) (= Reihe Campus 1036)
KÜPPERS, HARALD: Das Grundgesetz der Farbenlehre. Köln: DuMont 1978

Layoutbuch für Redakteure. Karikaturen und grafische Elemente für Redakteure jugendeigener Zeitschriften. Bonn: Bundesvorstand der deutschen Jugendpresse 1985

MARTINI, GUIDO: Malen als Erfahrung. Stuttgart: Calver; München: Kösel 1977
MATTHAEI, JÖRG M.: Grundfragen des Grafik-Design. München: Moos 1985 (3. Aufl.)
MCKIM, ROBERT H.: Experiences in Visual Thinking. Belmont: Brooks/Cole 1972
METZGER, WOLFGANG: Gesetze des Sehens. Frankfurt am Main: Kramer 1975 (Orig. 1936) (= Senckenberg-Buch 53)
MODLEY, RUDOLF: Handbook Pictorial Symbols. 3,250 Examples from International Sources. New York: Dover 1976
MORENO, J.L.: Who Shall Survive? (1934); dt.: Grundlagen der Soziometrie. Köln, Opladen: Westdeutscher Vlg. 1967 (2. Aufl.)
MÜLLER, WERNER: Der Tageslichtprojektor im Lateinunterricht. Eine Einführung mit praktischen Beispielen. Bamberg: Buchner 1981
MÜLLER, WERNER: Bausteine am Tageslichtprojektor im Lateinunterricht. *Der Altsprachliche Unterricht* 26, 1983, 6, S. 47 - 60
MÜLLERLEILE, CHRISTOPH u. a.: Tips für junge Zeitungsmacher. Bonn: Schülerpresse aktuell o. J. (4. Aufl.)

NAGEL, MATTHIAS u.a.: Grafische Datenanalyse. Stuttgart, Jena, New York: G. Fischer 1996
NEULAND, MICHÉLE: Schüler wollen lernen. Lebendiges Lernen mit der Neuland-Moderation. Eichenzell: Neuland 1995
NEULAND, MICHÉLE; NEULAND, RUDOLF: Ein nützlicher Ratgeber für Flipchart-Benutzer. Eichenzell: Verlag für Lebendiges Lernen 1995
NEURATH, OTTO: Statistische Hyroglyphen. In: Wissenschaftliche Weltauffassung, Sozialismus und Logischer Empirismus. Frankfurt am Main: Suhrkamp 1979, S. 295 - 301 (= stw 281)
NISSEN, PETER; IDEN, UWE: Kurskorrektur Schule. Ein Handbuch zur Einführung der ModerationsMethode im System Schule für die Verbesserung der Kommunikation und des miteinander Lernens. Hamburg: Windmühle 1994

NUTE, DONALD: Critical Thinking and Problem Solving. Unit 3: Venn Diagrams. Department of Philosophy, University of Georgia 1996 (http://aisun1.ai.uga.edu/faculty/ nute/102/venn.html)

OSWALD, WOLF D.: Grundkurs Soziogramm. Eine programmierte Einführung in Technik und Auswertung für Pädagogen und Psychologen. Paderborn: Schöningh 1977 (= UTB 672)

PETERßEN, WILHELM H.: Anschaulich unterrichten. Ein Lern- und Arbeitsbuch. München: Ehrenwirth 1994

REICHERT, GÜNTHER W.: Kompendium für Technische Dokumentation anwendungssicher mit Didaktisch-Typografischem Visualisieren (DTV). Leinfelden-Echterdingen: Konradin 1991

REICHERT, OSKAR: Netzplantechnik. Grundlagen, Aufgaben und Lösungen für Studenten und Praktiker. Braunschweig: Vieweg 1994

RIEDWYL, HANS: Graphische Gestaltung von Zahlenmaterial. Bern, Stuttgart: Haupt 1987 (3. Aufl.) (= UTB 440)

ROBIN, HARRY: Die wissenschaftliche Illustration. Von der Höhlenmalerei zur Computergraphik. Basel, Boston, Berlin: Birkhäuser 1992

RUDDIES, GÜNTHER H.; WILLI, EUGEN: Denkzeichnen. Denken sichtbar machen. Ein Ideen-Magazin als Lern- und Lehrhilfe. München: Lexika Verlag 1985

SCHMIDT, GÖTZ: Methode und Techniken der Organisation. Gießen: Schmidt 1983

SCHNELLE, EBERHARD: Managementrolle: Gruppenmitglied und Moderator. In: Staehle, W. (Hg.): Handbuch Management. Die 24 Rollen der exzellenten Führungskraft. Wiesbaden: Gabler 1991, S. 264 - 283

SciTech. Die Software-Quelle für Wissenschaftler und Techniker. (Http:/www.scitech.de)

StatLib-Server der „Carnegie Mellon University“ (http://lib.stat.cmu.edu)

SVANTESSON, INGEMAR: Mind Mapping & Memory. Powerful Techniques to Help You Make Better Use of Your Brain. London: Kogan Page 1989

TÄUBL, ANTON (Hg.): Video in der Praxis. Für Schule, Gemeindearbeit und Erwachsenenbildung. Freiburg i. Br.: Christopherus/Herder 1987

Technische Dokumentation optimieren. Professionelle Arbeitshilfen und Musterlösungen. Stuttgart: Raabe 1994 ff. (Loseblattsammlung)

tekom (Hg.): Technische Dokumentation beurteilen. tekom-Richtlinie. Stuttgart: Gesellschaft für technische Kommunikation e.V. 1991
TREITZ, NORBERT: Bewegliche Folienmodelle für die Sekundarstufe I. *Naturwissenschaften im Unterricht (Physik/Chemie)* 28, 1980, 10, S. 321 - 339
TUFTE, EDWARD R.: The Visual Display of Quantitative Information. Cheshire: Graphic Press 1983

ULRICH, WOFRAM; BUCK, PETER (Hg.): Video in Forschung und Lehre. Weinheim: Deutscher Studienverlag 1993

WEBER, HAJO: Arbeitshilfen Visuelle Kommunikation. Mühlheim a. d. Ruhr: Verlag Die Schulpraxis 1983
WEDEKIND, JOACHIM; BALLSTAEDT, STEFFEN-PETER: Farbe und CBT. Tübingen: DIFF 1996
WEIDENMANN, BERND: Lernen mit Bildmedien. Psychologische und didaktische Grundlagen. Weinheim, Basel: Beltz 1991
WEIDENMANN, BERND: Wissenserwerb mit Bildern. Instruktionale Bilder in Printmedien, Film/Video und Computerprogrammen. München: Huber 1994
WEIßENO, GEORG: Das Tafelbild im Politikunterricht. Schwalbach i. Ts.: Wochenschau Vlg. 1992
WESLEY, SALMON C.: Logik. Stuttgart: Reclam 1983 (= UTB 7996)
WITTE, ADOLF (Hg.): Handbuch zur Arbeitsprojektion - Technische, methodische, didaktische und ökonomische Handreichung für den Einsatz des Arbeitsprojektors zur Steuerung von Lernprozessen. Schwäbisch Gmünd: Lempp 1974 (2. Aufl.)

ZELAZNY, GENE: Wie aus Zahlen Bilder werden. Wiesbaden: Gabler 1986
ZIRK, OTTO: Die Schule des Tafelzeichnens. München: Ehrenwirth 1969

Register

Abläufe visualisieren
Flussdiagramm 49 ff.
Netzplantechnik 54
Bildarchiv 151, 153 ff.
Dia-Projektoren 138 ff.
Episkop 145 ff.
EULERsche Kreise 39 f.
Farbe 121 f., 159 ff.
Folien 114 ff.
Gestaltungsregeln 115 ff., 136
Präsentationstechniken 122 ff.
Vorführregeln 126 f., 136 f.
Vorteile 114 f.
Werkzeuge und Material 128 ff.
Gliederung 119
Gestalt-Gesetze 171 ff.
Informationsmenge 115 ff.
Layout (Satzpiegel) 167 ff.
Mind-Mapping 66 ff.
Moderationsmethode 55 ff.
Antworttechniken 60 ff.
Darstellungshilfen 58 ff.
Kompositionshilfen 58 f.
Overhead-Projektor (s. Folien) 114 ff.
LC-Displays (Projektions-Panels) 134 f.
technische Leistungsmekmale 134
Personal-Computer 148 ff.
Piktogramm 76, 99 ff.
Schrift 119 ff., 163 ff.
Soziogramm 44 ff.
Strukturen (visualisieren)
analoge Strukturen 37 ff.
Baumstrukturen 30
Kommunikations-Strukturen 43 ff.
logische Strukturen 39 f.
Paarweise Element-Zuordnung 35 f.
semantische Netze 40 ff.
Zentralvernetzung 31 ff.
Tafeln 107 ff.
Flip-Chart 111 f.
Hafttafeln 110
Kreidetafeln 107 ff.
Steckwände (Pinnwände) 112 f.
Wandzeitungen 113
weiße Tafeln 111
Technische Dokumentation 102 f.
VENN-Diagramme 39 f.
Visualisieren
Definition 12
Funktionen 16 ff.
Vorstellungs-Bilder 75 ff.
Zahlenbilder
äußere Form 84
allgemeine Ratschläge 82
Diagramm-Arten 86 ff.
Manipulation 93 ff.
Vergleichstypen 82 f.
Zeichen
Bedeutung (denotativ/konnotativ) 163
ikonische 10
symbolische 10 f.